现代酒店管理

主　编　周丽颖
副主编　吕瑞敏
参　编　李玉显　刘　煜　张冬梅　孙先剑
　　　　孙环慧　何　静　孙　欣　余　洁
　　　　刘　静　石　新　杨蓉蓉

机械工业出版社

本教材是作者根据多年教学实践积累的案例，结合传统酒店管理理论编写而成的，主要内容包括：现代酒店概述、现代酒店管理基础理论、现代酒店组织管理、现代酒店主要业务部门管理、现代酒店营销管理、现代酒店人力资源管理和现代酒店服务质量管理。

本教材可供职业院校酒店管理与服务专业的学生使用，也可供从事酒店管理工作的人员参考。

图书在版编目（CIP）数据

现代酒店管理/周丽颖主编．—北京：机械工业出版社，2018.2（2023.8 重印）

ISBN 978-7-111-58824-5

Ⅰ.①现…　Ⅱ.①周…　Ⅲ.①饭店-商业企业管理-职业教育-教材　Ⅳ.①F719.2

中国版本图书馆 CIP 数据核字（2018）第 019105 号

机械工业出版社（北京市百万庄大街 22 号　邮政编码 100037）
策划编辑：侯宪国　　　　责任编辑：侯宪国
责任校对：张　力　王明欣　封面设计：路恩中
责任印制：李　昂
北京中科印刷有限公司印刷
2023 年 8 月第 1 版第 4 次印刷
184mm×260mm·8.25 印张·197 千字
标准书号：ISBN 978-7-111-58824-5
定价：29.80 元

凡购本书，如有缺页、倒页、脱页，由本社发行部调换

电话服务　　　　　　　　　　　　　网络服务
服务咨询热线：010-88379833　　　　机 工 官 网：www.cmpbook.com
读者购书热线：010-88379649　　　　机 工 官 博：weibo.com/cmp1952
　　　　　　　　　　　　　　　　　教育服务网：www.cmpedu.com
封面无防伪标均为盗版　　　　　　　金 书 网：www.golden-book.com

前 言

随着社会经济的发展,外出旅游及就餐正在成为人们的一种生活方式,因此,酒店行业对从业人员的需求量越来越大。职业院校酒店管理与服务专业的学生正是酒店行业从业人员的重要来源。

现代化酒店的发展日新月异。新技术的运用,从业人员素质的变化,先进理念的接纳,都对现代酒店的管理提出了新的要求。为了更好地适应这些变化,职业院校酒店管理与服务专业的教学要求也要随之进行合理改变,只有这样,才能使专业跟上行业的发展,培养的学生适应就业的需要。

本教材在编写模式上,力求形式生动、内容深入浅出,通过设立学习目标、案例分析、知识链接、开阔视野、回顾复习、思考练习、情景模拟等模块,对酒店管理与服务专业的学生进行专业的指导和理论上的提升,从而提高学生的职业素养。

本教材作者是职业院校从事酒店行业教育工作多年的专业老师,具有扎实的理论功底和教学经验,同时又具有理论、技能一体化教学的实践经验。本教材是作者根据多年教学实践积累的案例,结合传统的酒店管理理论编写而成的,比较贴近现代职业院校酒店管理与服务专业的学生的特点,有较强的实践检验性和实用性。

限于作者水平和时间仓促,书中难免有疏漏和错误之处,请广大读者批评指正。

编者

目 录

前 言

第一章 现代酒店概述 1
　第一节　现代酒店的概念及酒店产品 2
　第二节　现代酒店业发展历史 4
　第三节　现代酒店的类型及等级 7
　第四节　酒店的功能与布局 12

第二章 现代酒店管理基础理论 16
　第一节　现代酒店管理理论基础 17
　第二节　现代酒店管理的基本职能和方法 23

第三章 现代酒店组织管理 32
　第一节　现代酒店组织设计原则和组织结构 33
　第二节　现代酒店组织管理体制 43

第四章 现代酒店主要业务部门管理 46
　第一节　前厅部管理 47
　第二节　餐饮部管理 53
　第三节　客房部管理 60

第五章 现代酒店营销管理 71
　第一节　现代酒店营销管理 72
　第二节　现代酒店营销策略 77

第六章 现代酒店人力资源管理 90
　第一节　现代酒店人力资源管理概述 91
　第二节　现代酒店人力资源管理的内容 93

第七章 现代酒店服务质量管理 105
　第一节　现代酒店服务质量 106
　第二节　现代酒店服务质量管理 111
　第三节　顾客评价体系 114

参考文献 126

第一章　现代酒店概述

学习目标

- 掌握现代酒店的概念，酒店产品的特点和构成
- 理解现代酒店的类型和等级的划分
- 了解现代酒店的功能布局

第一节　现代酒店的概念及酒店产品

一、现代酒店的概念

现代酒店就是以有形的空间、设备、产品和无形的服务为基础，为顾客提供食、住、行、娱、购等综合服务的场所。

现代酒店作为一种服务性企业，是由建筑物及配备齐全的设备、设施组成的服务接待场所，能够为顾客提供住宿、餐饮、会议、娱乐、购物等各种综合性服务。

（1）酒店的经营必须经政府有关部门批准。

（2）现代酒店是服务性企业，以营利为目的，在获取经济效益的同时，应兼顾社会效益和环境效益。

知识链接

酒店在我国有多种称谓，如饭店、宾馆、大厦、度假村等。20 世纪 50 年代初期，民以食为天，饭比酒在人们的生活中重要，更切合老百姓的生活，所以那时候的酒店都叫作饭店，如"北京饭店""南京饭店"等。20 世纪 90 年代后期建设的饭店一般都改叫酒店。

酒店（英文 Hotel）与饭店具有同等意思，都是为客人提供食、住、行、娱、购等综合服务的场所，只是名称不同。我国改革开放以后建设的大多数知名酒店与国际上的知名酒店都有关系，如"假日酒店"等。

饭店在管理上注重传统，酒店在服务上更趋于细致，但其本质并无区别。

情景模拟

请学生介绍曾经光顾过的本地区较有名气的酒店，并介绍印象最为深刻的特点，如装修、服务等的特色，可以模拟这些特点。然后，教师总结，介绍本地区的知名酒店，重点介绍最高星级的酒店。

二、酒店产品

（一）酒店产品的构成

从顾客的角度讲，酒店产品是一段住宿经历。它是以满足顾客多层次消费需求为特征，提供多种实物产品和劳务服务的综合性产品。酒店产品包括核心产品、外形产品和延伸产品三个部分。

1. 核心产品

核心产品指酒店提供的各种服务，主要包括住宿、餐饮、购物、康乐等。核心产品是酒店产品中能满足顾客需要的基本效用和利益的部分，它们代表了顾客消费酒店产品所能获得的最基本的利益，是顾客所要购买的实质性的东西。例如，顾客在酒店住宿，也就是购买客房产品的核心目的是满足自己在旅游期间的休息、享受或维护自身隐私权的需要。

酒店核心产品包含服务人员提供的服务、清洁卫生、疑难解答等工作。从这些日常的工作中体现出服务人员良好的职业素养、始终如一的服务态度，以及娴熟的服务技能，这些是酒店产品的核心内容。

2. 外形产品

外形产品是酒店产品中最为直观的部分，如酒店的地理位置、建筑特色、服务风格等。因此，它是酒店产品中可展现的部分。

3. 延伸产品

延伸产品是指顾客在购买酒店产品时得到的附加利益的总和，如酒店为顾客提供的优惠条件、价格折扣、超常规服务、针对性服务等。延伸产品使酒店产品更加完整，更加生动，增强了酒店的吸引力。

（二）酒店产品的特点

酒店产品与其他商品相比，具有以下特点：

1. 同步性

现代酒店生产销售服务产品的方式与一般企业生产和销售实物产品的方式不同。实物产品的生产和销售过程是分离的，而酒店产品的生产过程与销售、消费过程同时进行，只有当顾客开始消费时，酒店产品才开始生产。因此，酒店产品受消费者即时需要的制约，其生产过程和消费过程几乎是同步的，消费者购买并现场消费时，酒店的服务和设施相结合才能成为酒店产品。

2. 不可储存性

酒店产品的不可储存性是指酒店产品的即逝性。一般商品的买卖都会发生商品所有权的转让，而酒店出租客房、会议室等，并同时提供服务，并不发生实物的转让，消费者买到的只是某一段时间的使用权，而不是所有权。以每晚380元租金的酒店客房为例，如果当天客房没有出租出去，那么当天的380元的价值就无法实现，也就是说，它的价值具有不可储存性。而其他的实物产品，如果当天没有销售，第二天可以继续销售，直至卖出，它的价值就可以体现出来。因此，酒店把客房形容为"易坏性最大的商品"，因为它只有24h的"保质期"。

3. 差异性

酒店产品的差异性是指同一家酒店提供的同一产品不可避免地存在着质量、水平的差异性。造成这种差异性的直接原因在于手工劳动是酒店的主要生产手段，而劳务服务不能像其他的商品那样用机械或物理的性能指标来衡量。同时，感受这种劳务服务的消费者也有很大的差异性，这种差异性也决定了不同的人对同一服务的感受度不同。因此，酒店产品质量的好坏受人的因素影响很大，具有差异性。

4. 综合性

酒店产品的综合性体现在酒店所提供的产品除了能够满足消费者吃、住、行、购、娱等多种需要的综合性产品和服务之外，还能够给消费者带来享受性、情感性、文化性。享受性表现在酒店产品不仅要满足客人的物质需要，更主要的是满足其精神上、心理上的享受性需要。情感性表现在消费者在购买酒店产品，酒店在提供相应的服务设施时，服务人员与消费者之间有情感互动。文化性体现在"酒店的氛围"上，是享受性的高层次的要求。现代的酒店都应重视良好的文化氛围的营造，丰富酒店文化的内涵，使酒店的服务蕴含自身的文化特色，能够让消费者体验到独特的精神享受。

5. 季节性

旅游是受季节等自然条件和各国的休假制度影响较大的活动，因此，酒店产品的销售也受这些因素的影响，会产生较大的波动，有淡季、旺季、平季之分。

案例分析

记住顾客的姓名

一位常住酒店的外国顾客从酒店外面回来，当他走到前台时还没等他开口，问询员就主动微笑着把钥匙递上，并轻声称呼他的名字，这位顾客大吃一惊。酒店对他留有印象，使他产生一种强烈的亲切感，旧地重游如回家一样。

还有一位顾客在前台工作高峰时进店，问询小姐突然准确地叫出："××先生，前台有您的一个电话。"这位顾客又惊又喜，感到自己受到了重视，受到了特殊的待遇，不禁添了一份自豪感。

一位VIP顾客来到前台登记，服务人员通过VIP顾客的提示，得知其身份，马上称呼顾客的名字，并递上打印好的登记表格让其签字，使顾客感到自己地位的不同，由于受到尊重而感到格外开心。

分析提示

学者马斯洛的需求层次理论认为，得到社会的尊重是人较高的需求层次。自己的名字为他人所知晓就是这种需求的一种很好的满足。

在酒店这种服务性行业的工作中，主动热情地称呼顾客的名字是一种服务的艺术，也是一种艺术的服务。酒店前台服务人员借助敏锐的观察力和良好的记忆力，记住顾客的房号、姓名和特征，提供细心周到的服务，使顾客留下深刻的印象，顾客在以后各种不同的场合中有可能会提起酒店的周到服务，等于是做了酒店的义务宣传员。

第二节　现代酒店业发展历史

一、世界酒店业发展历史

食宿设施是人类旅行活动的产物。相传欧洲最初的食宿设施出现于古罗马时期。食宿设施的发展过程大体经历了客栈时期、大饭店时期、商业饭店时期，期间几经起落，盛衰交替。第二次世界大战之后，随着欧美国家经济的恢复，旅游业迅速崛起，饭店行业进入了新型现代酒店时期。

（一）客栈时期

货币的出现促进了商品贸易的发展，商品贸易使人们产生了对家庭以外的住宿和饮食的需求。数千年前的古埃及和古罗马就出现了客栈。古代经商者组成的商队就住在沿途各地的商队客栈里。

中世纪初期，贸易不发达，很少有人旅行。中世纪后期，随着商业的繁荣，贸易活动的兴起，旅游者逐渐增多，对客栈的需求大增。15世纪时，英国等地的客栈由原来仅设几张床，发展到有20~30间客房，条件好的还有酒窖、食品储藏室等。到了18世纪，客栈盛行，除了提供食宿之外，客栈成为人们聚会、交往的场所，成为当地社会、政治与商业活动的中心。

客栈时期的特点是：设备简陋，只能满足顾客住宿和饮食这两项基本需求，没有其他服务，也不安全，一般由家庭经营，管理水平低下。

（二）大饭店时期

18世纪后期，欧美各国开始步入工业化时代，伴随着工业化发展和经济贸易的增长，世界饭店业进入了大饭店时期。在这个时期，美国饭店业的发展尤为迅速。1794年，在美国纽约建成首都饭店，有73间客房，富丽堂皇，宛若宫殿。1829年，在美国波士顿建成特里蒙特饭店，开创了现代化酒店的先河。该饭店拥有170间客房，设有前厅，客房内有脸盆、水罐和肥皂，餐厅有200个餐位。之后美国相继出现了更多的知名饭店。

这一时期，欧洲各国也相继建成一些豪华大饭店，具有代表性的有柏林的凯撒大饭店、巴黎的巴黎大饭店、卢浮宫大饭店等，这些饭店都豪华奢侈，讲究排场。

在这个时期酒店行业出现了一位杰出人物，瑞士人凯撒·里兹。他提出了"顾客永远是对的"这一经营格言，他开设的饭店以豪华时尚著称于世。

大饭店时期与客栈时期有着巨大的差异。大饭店都规模宏大，建筑与设施豪华，装修考究，十分重视服务方式和质量，不惜成本满足客人需要；饭店服务对象多是王公贵族、官宦名流，远离大众消费；饭店的投资者和经营者以结交取悦上流社会为目的，不计较经济效益。

（三）商业饭店时期

20世纪初，资本主义经济高速发展，世界范围的商务旅行异常活跃，于是专门为商务旅行者设计的饭店应运而生。其主要代表是被称为"现代饭店管理之父"的埃尔斯沃斯·斯塔特勒所建造的饭店。他的饭店是专为旅行者设计的：每套客房都有浴室，还设有通宵洗衣，自动冰水供应，消毒马桶座圈，送报上门等服务。他用统一的标准管理饭店，不论你到波士顿，还是到纽约，只要住进斯塔特勒饭店，就保证能享受到标准的服务。所有的这些服务价格低廉，在一般平民所能承受的范围之内。斯塔特勒创造了全新的饭店经营理念。

商业饭店时期，饭店的主要特点是：服务对象主要是商务旅行者；饭店的服务和设施不再追求豪华、奢侈，而是力求方便、舒适、安全与实用；经营理念上，注重价格合理，注重服务质量，进行标准化管理，努力降低成本，追求最佳利润。

（四）新型现代酒店时期

新型现代酒店时期始于20世纪50年代，直至现在。第二次世界大战结束之后，随着欧美国家的经济迅速恢复并快速增长，人们在国内、国际的旅游活动日益频繁，加之高速公路、航空业的发展，人类进入了大众旅游的时代，对酒店的需求剧增。一些有实力的酒店公司，以签订管理合同、授让特许经营权等方式，实行国内或跨国的连锁经营形式，形成了一大批使用统一名称、统一标识、统一管理方式的联号公司，如希尔顿饭店公司、喜来登饭店公司、假日集团等。

新型现代酒店具有以下特点：服务对象从过去的商务旅游者为主转为观光旅游者为主；

酒店注重效益规模，连锁经营；经营管理上，注重用科学的手段进行市场营销、成本控制和人力资源管理。

二、中国酒店业发展历史

（一）中国古代饭店业

中国最早的食宿设施可以追溯到春秋战国或更早的时期，唐、宋、元、明、清被认为是酒店业有较大发展的时期。中国古代食宿设施大体上可以分为官办和民办两种。

1. 官办食宿设施

古代官方开办的食宿设施主要有驿站和迎宾馆。

驿站是中国历史上最古老的官办住宿设施。古代交通不发达，官府命令的下达、公文的传递，均靠专人乘马或乘车传递，驿站就是为此设立的。驿站专门接待往来的信使和公差人员，并为其提供车、马等交通工具。到了唐代，驿站广泛接待过往官员和文人雅士。元代，驿站建设宏伟，陈设华丽。

迎宾馆是古代官方用来接待外国使者或外民族代表的馆舍。历代有"诸侯馆""四方馆"等的不同称谓，清朝时期称为"迎宾馆"。迎宾馆对中国古代政治、经济、文化的交流起到了十分重要的作用。

2. 民办食宿设施

古代民办食宿设施在周朝就已出现，被称为"逆旅"。它的产生、发展与商贸活动的兴衰及交通运输条件密切相关。春秋时期，由于商贸活动增加，民间食宿设施已经初步形成。到秦汉时期，随着商业的发展，民间食宿设施有了很大发展。隋唐时期，客栈遍布豪华街道两旁。明清时期，民间食宿设施更加发达。

（二）中国近代饭店业

中国近代由于帝国主义的入侵，沦为半殖民地半封建社会。当时的饭店业除了传统的饭店外，还出现了西式饭店和中西式饭店。

1. 西式饭店

西式饭店是对19世纪初外国列强侵入中国后，由外国资本建造和经营的饭店的统称。这类饭店在建筑样式、设施设备、内部装修、经营方式、服务对象等方面，与中国的传统旅店不同，全部采用西式方式，服务的对象也以外国人为主。

2. 中西式饭店

中西式饭店是由中国的民族资本投资兴建的融合中西风格的新式饭店。这类饭店在各方面都受到了西式饭店影响，并与中国饭店经营方式相融合。20世纪30年代，中西式饭店的发展达到鼎盛，为中国饭店业进入现代酒店时期奠定了良好的基础。

（三）中国现代酒店业

新中国成立后到1978年改革开放前，我国酒店业的主体是各地党政机关、企事业单位的招待所以及一些经过改造的旧酒店，没有独立的经济地位。酒店总体数量稀少，功能单一，设施陈旧，条件简陋。

1978年改革开放之后，我国原有的酒店已不能适应新形势。1982年，我国第一家中外合资的饭店——北京建国饭店建成开业，饭店首次引进了香港一家酒店管理集团的管理。北京建国饭店的建成开业，标志着我国酒店建设投资步入多元化的格局，从此，我国的酒店业进入全面快速发展时期。

进入21世纪，我国的酒店行业呈现以下的特点：酒店产业化规模庞大，投入金额巨大；酒店转入买方市场，企业进入微利时代；供求关系比较宽松，酒店市场竞争激烈；集团化经营得到发展，酒店业面临加入WTO后的新的挑战。中国酒店业必须做好充分准备，迎接国际资本形成的资本冲击、技术冲击、文化冲击、客源冲击、人才冲击和效益冲击。

知识链接

截至2012年，我国十大酒店排名如下（当年的排名及酒店介绍）

（1）香格里拉大酒店。创建于1971年，隶属于马来西亚郭氏集团旗下，亚洲地区最大的豪华酒店集团之一——香格里拉国际饭店管理公司。

（2）IHG洲际酒店 创立于1946年，隶属于全球最大及网络分布最广的酒店管理集团之一，世界上客房拥有量最大的酒店集团之一——洲际酒店集团。

（3）7天连锁酒店 覆盖全国的经济型连锁酒店，分店超过500家，隶属于中国酒店业最大规模会员体系拥有者之一——7天假日连锁酒店集团。

（4）万豪酒店Marriott 创立于1927年的美国，全球首屈一指的酒店管理公司之一，隶属于全球酒店数目超过3200家的大型酒店集团——万豪国际集团。

（5）凯悦－柏悦－君悦 创立于1957年，隶属于世界知名的跨国酒店集团，行业著名品牌，大型连锁酒店品牌——凯悦酒店集团。

（6）喜来登酒店集团 创立于1937年，隶属于美国十大酒店集团之一，世界领先的连锁酒店，拥有400余家酒店，世界500强——喜达屋酒店及度假村国际集团。

（7）维也纳酒店集团 全球以"音乐艺术"为主题的连锁酒店之一，中国中档商务连锁酒店领袖品牌之一。

（8）锦江/锦江之星 中国驰名商标，隶属于拥有各类星级酒店和经济型旅馆460余家的上海锦江国际酒店（集团）股份有限公司。

（9）如家酒店 创立于2002年，中国驰名商标，隶属于中国经济型酒店行业的领袖品牌，中国最大的经济型连锁酒店之一——如家快捷酒店集团。

（10）速8连锁/华美达 隶属于世界最大的酒店集团之一，温德姆国际酒店集团旗下全球领先品牌之一——速伯艾特国际酒店管理有限公司。

第三节 现代酒店的类型及等级

一、酒店的类型

世界上酒店的种类特别繁多，酒店的规模也越来越多样化、个性化。为了满足各类旅游者的需要和满足酒店营利的需要，出现了各种各样的个性化的酒店。酒店一般是根据用途、规模大小、特点、经营方式等不同情况来分类。

（一）按用途分类

1. 商务型酒店（见图1-1）

这类酒店以接待暂住客人（商务旅行的客人）为主，一般选址在商业中心或政务中心附近，除了提供给客人舒适的住宿条件、饮食起居条件和娱乐条件外，还必须具备商务活动所需要的服务，如电传、打字、速记、文秘、录像、投影等。高级的酒店还提供24h送餐服务、24h洗衣服务等。

图 1-1

2. 旅游酒店

这类酒店以接待暂住的旅游者为主，一般选址在旅游景点附近。在设施设备方面，除了要满足客人的住宿、餐饮要求外，还要有满足客人娱乐、保健、购物等需求的设施设备。

3. 住宅式（公寓、别墅）酒店

此类酒店是为长住的客人而建的。这类酒店除了提供一般酒店的设施之外，它的客房一般采用家庭式布局，并提供厨房设备、办公设备以及儿童游戏的设施。长住客人与酒店之间一般都签订租约。同时，住宅式酒店也有相当一部分房间接待暂住客人（旅游酒店和商务型酒店同样也有一部分长住客人）。

4. 度假型酒店（见图1-2）

这类酒店主要接待度假者，通常坐落在风景名胜区（如海滨、著名山庄、温泉）附近。地理环境是修建度假型酒店的一个重要因素。度假型酒店往往建成一个度假中心，专门供给客人娱乐和享受。一般来说，要具备沙滩、游泳池、滑雪场、高尔夫球场，甚至跑马场。度假型酒店的客源受季节影响较大。

5. 机场/汽车酒店

这类酒店通常修建在机场或高速公路沿线，向短暂停留的客人提供便捷服务。这类酒店在设施设备上日趋完善、豪华，尤其是机场酒店，与商务型酒店大致一样。

（二）按规模分类

一般以酒店拥有的房间数、占地面积、酒店的销售额和纯利润为标准来衡量酒店的规模。目前国际上比较通行的划分标准是房间数。

1）小型酒店客房房间数小于300间。
2）中型酒店客房房间数为300~600间。
3）大型酒店客房房间数大于600间。

图 1-2

二、酒店的等级

(一) 酒店等级划分的类型

国际酒店业中,以等级或星级来评定一家酒店级别的方法比较普遍,但各国所采用的标准和做法不尽相同。主要有三种类型:

(1) 由官方组织确定统一等级标准,如我国和法国的酒店分为一至五星共五级。

(2) 由非官方组织核定酒店等级。例如,在英国由英国饭店协会、英国旅游局、英国汽车饭店协会和皇家汽车俱乐部联合对酒店实施分等定级工作。

(3) 国家对酒店没有统一定级标准,如美国,但较有影响的是美国汽车协会及美国汽车石油公司分别制订并使用的"五花"和"五星"等级制。

(二) 我国酒店的等级划分

我国酒店实行的是星级酒店评定标准,星越多,酒店等级越高。酒店星级的评定内容由国家旅游局制定的中华人民共和国标准《旅游饭店星级的划分与评定》(以下简称星级评定)和《中华人民共和国评定旅游涉外饭店星级的规定》两方面组成。其中,评定内容基本上由六个项目组成:

(1) 饭店建筑物、设施设备和服务项目的必备条件。

(2) 饭店设施设备评分。

(3) 维修保养评分。

(4) 清洁卫生检查。

(5) 服务质量检查。

(6) 顾客满意程度调查。

知识链接

  星级是用星的数量和颜色表示酒店的等级。星级分为五个等级，即一星级、二星级、三星级、四星级、五星级，星级越高，表示酒店的档次越高。

  一星级酒店要有适应所在地气候的采暖、制冷设备；16h供应热水；至少有15间（套）可供出租的客房；客房、卫生间每天要全面整理一次，隔日或应客人要求更换床单、被单及枕套，并做到每客必换；能够用英语提供服务。

  二星级酒店在上述基础上（下同）还需要有叫醒服务；18h供应热水；至少有20间（套）可供出租的客房；有可拨通或使用预付费电信卡拨打国际、国内长途的电话；有彩色电视机；每日或应客人要求更换床单、被单及枕套；提供洗衣服务；应客人要求提供送餐服务；4层（含4层）以上的楼房有客用电梯。

  三星级酒店需设专职行李员，有专用行李车，18h为客人提供行李服务；有小件行李存放处；提供信用卡结算服务；至少有30间（套）可供出租的客房；电视频道不少于16个；24h提供热水、饮用水，免费提供茶叶或咖啡，70%客房有小冰箱；提供留言和叫醒服务；提供衣装湿洗、干洗和熨烫服务；提供擦鞋服务；服务人员有专门的更衣室、公共卫生间、浴室、餐厅、宿舍等设施。

  四星级酒店需要有中央空调（别墅式度假酒店除外）；有背景音乐系统；18h提供外币兑换服务；至少有40间（套）可供出租的客房；70%客房的面积（不含卫生间）不小于20m^2；提供国际互联网接入服务；卫生间有电话副机、吹风机；客房内设微型酒吧；餐厅餐具按中西餐习惯成套配置、无破损；3层以上建筑物有数量充足的高质量客用电梯，轿厢装饰高雅；提供交通、影剧、参观等票务代理服务；提供市内观光服务；能用普通话和英语提供服务，必要时能用第二种外语提供服务。

  五星级酒店除内部装修豪华外，要求70%客房的面积（不含卫生间和走廊）不小于20m^2；至少有40间（套）可供出租的客房；室内满铺高级地毯，或者用优质木地板或其他高档材料装饰；每个客房配备微型保险柜；有紧急救助室。

开阔视野

  迪拜市是阿拉伯联合酋长国的第二大城市，这里有数个世界上最贵的酒店。如图1-3所示，阿拉伯塔酒店是世界上建筑高度最高的七星级酒店（因为饭店设施实在太过高级，远远超过五星的标准，只好破例称它为七星级），开业于1999年12月，共有高级客房202间，建立在离海岸线280m远的人工岛（Jumeirah Beach Resort）上。阿拉伯塔酒店糅合了最新的建筑及工程科技，迷人的景致及造型使它看上去仿佛和天空融为一体。该酒店花了5年的时间建成，2年半时间在阿拉伯海填出人工岛，2年半时间用在建筑本身，使用了9000t钢铁，并把250根基建桩柱打在40m深海下。该酒店由英国设计师W. S. Atkins设计，外观如同一张鼓满了风的帆，一共有56层、321m高，比法国艾菲尔铁塔还高上一截。

  如图1-4和图1-5所示，阿拉伯塔酒店内部更是极尽奢华，触目皆金，门把手、厕所的水管，甚至一张便条纸都"爬"满黄金。虽然是镀金，但要所有细节都优雅不俗地以金装饰，则是对设计师的品位与功力的考验。由于是以水上的帆为外观造型，饭店到处都是与水有关的主题（也许在沙漠国家，水比黄金更彰显财力）。例如，一进饭店门的两大喷水池，

第一章 现代酒店概述

图 1-3

图 1-4

会有不同的喷水方式,每一种皆经过精心设计,约 15～20min 就换一种喷法,跟水舞没什么两样;搭乘电梯还可以欣赏高达十几米的水族箱,让人很难相信外头就是炎热高温的沙漠。金碧辉煌的酒店套房,则让你感受到国王般的奢华。202 间客房皆为两层楼的套房,最小面积的房间有 170m²,最大面积的皇家套房,更有 780m² 之大,而且全部是落地玻璃窗,随时可以面对着一望无际的阿拉伯海。最令人吃惊的是一进房间,居然有一个管家等着向你解释房内各项高科技设施如何使用,因为酒店豪华尊贵的服务宗旨就是务必让房客有国王般的感受。以最普通的豪华套房为例,办公桌上有笔记本计算机,随时可以上网,墙上挂的画全是真品。最惊人的应当是 25 楼及以上楼层的皇家套房,装饰典雅辉煌,如同皇宫一样气派,家具是镀金的,有私家电梯、私家电影院、旋转睡床、阿拉伯式会客室,甚至衣帽间的面积都比一般酒店的房间大。最特别的是睡房的天花板上有一面与床齐大的镜子,和自己面对面睡觉的感觉会不会很奇怪?浴室里的所有卫浴用具都是奢侈品牌,包括肥皂、香水等。当然

图 1-5

淋浴设备也不同凡响，除上面的莲蓬头之外，还可选择上中下三段式喷水，旁边则是马赛克壁画陪衬下的按摩浴池，浴室门口还有皮质躺椅，让顾客休息。海里有餐厅，空中也有餐厅，顾客只需乘搭快速电梯，33s 内便可直达 200m 高空上的"ai - mahara"餐厅；进入太空式设计的餐厅，以蓝绿为主的柔和灯光，再加上波浪设计的衬托，使人仿佛进入另一世界。

第四节 酒店的功能与布局

一、酒店结构布局设计的原则

1）酒店必须从满足顾客需要出发，保证顾客的私密性、安全性和便利性。酒店是旅行者的"家外之家"，又是公众进行经济、贸易和文化活动的重要场所。酒店要满足顾客的需求，首先应在结构布局上满足顾客的生命财产安全，确保餐饮、娱乐等活动的便利舒适。

2）酒店必须从管理和服务的角度来考虑内部操作和各环节的功能，以及维修、保养等工作的效率。行政管理部门、后勤区域应尽量与顾客活动区域分开，或者布局在不同的地带，以免员工过多地通过酒店的公共区域，影响顾客的正常活动。

3）从经济效益的角度考虑，必须按合理的比例来布局酒店的各个功能区域。顾客使用区域中，能为酒店带来收入的部门应占据较大的空间。

4）酒店整体布局要给顾客以美感，能够营造出酒店的文化氛围，突出整体的美感和文化特色，强调整体的和谐一致；局部布局要在强调与整体协调的前提下，突出局部的个性美感和文化特色。

5）从酒店的等级类型考虑，酒店的结构布局必须按照国家有关建筑设计、设施设备、施工安装、消防的各项规范和标准进行。

二、酒店的结构布局

酒店从业务性质上来说可以分为前台和后台两大部分。

（一）前台部分的功能和结构布局

酒店的前台区域是指顾客使用和流动的公共区域，主要包括公共场所（酒店外环境、前厅、大堂、餐饮场所、娱乐场所、康乐场所等）和客房。其合理布局要体现酒店的经营风格和特点，要具有独特的吸引力，讲究美观、舒适、高雅。

1. 外环境

外环境的总体布局要合理，有良好的韵律和节奏感，其中的绿化带、水池、装饰物、庭院、交通道路、停车场等，要因地制宜，合理布局，突出文化性、美感和酒店形象。

2. 前厅和大堂

前厅是顾客办理手续的场所，同时，还要为顾客处理投诉等多项服务。此外，前厅还是酒店的信息中心和业务调度中心，顾客也可在此短暂休息。

大堂应有作业空间、服务空间、流动空间、停留空间和休息空间。大堂内的布置一定要有文化气息，有自己的风格和艺术特色。可以利用小庭园、人造瀑布、雕塑、绿化带等，自然地分割空间（见图1-6）。

图 1-6

3. 客房

客房是酒店的主体，是酒店存在的基础，如图1-7所示。客房是顾客在酒店唯一能单独、封闭使用的空间。客房的布局要求是安全、安静、舒适、温馨、设施齐全、使用方便，要在细部、细节、细微之处多加考虑。客房通常在公用设施的上层。

4. 餐饮

餐饮从完整意义上来说，应包括食品、饮料、餐厅环境、餐厅服务、厨房生产和食品原料等多种因素，所以餐饮场所的结构布局也要考虑周全。

图 1-7

大型酒店的餐厅由多种类型组成，一般要包括中式大餐厅、中式小餐厅、宴会厅、西餐厅、自助餐厅、特色餐厅等。一般设置在沿街或一、二层。一般情况下，每个楼层的餐厅都有配套的厨房，厨房面积、设备选型、厨房布局应根据餐厅的菜肴特色和餐位数确定。餐厅和厨房之间有备餐间，为备餐、餐前服务、菜肴传递之用。

5. 娱乐、康乐场所

随着人们生活方式的改变，对酒店的需求越来越多元化，健康娱乐的意识逐渐增强。酒店在满足顾客的要求时，要有自己的特色和风格，不能一味地赶潮流，要因地、因店、因时制宜。

因地：对于气候较为温暖的地方（如三亚），康乐、娱乐设施可以选择以水上项目为主（如潜水、冲浪等），类似的项目如果照搬到气候寒冷的地区，利用率就会大大降低。

因店：对于商务型酒店而言，大多位于城市中心地带，酒店没有过大的空间，因此，商务型酒店的康乐项目只能选择占地较少的种类（如健身房、保龄球馆、乒乓球室、游泳池、室内高尔夫球场等）。度假型酒店通常选择高尔夫球场、射击场、溜冰场等作为康乐项目。

（二）后台部分的功能和结构布局

酒店的后台部分是为前台和整个酒店正常工作提供保障的部分，包括办公管理、工程设备、后勤、财务等部门。酒店后台区域的结构布局以经济实用为原则。

案例分析

希尔顿酒店全面客户服务平台的应用

请想象一下如下情景：一位商人明天将前往芝加哥出差，他登录到希尔顿国际酒店集团的网站，决定入住该酒店集团旗下9个连锁品牌之一的家木套房酒店。

接下来他浏览家木套房酒店的数字化楼层平面图，看看还有哪些空房。他选了一间位于顶层的房间，远离游泳池而靠近电梯。打定主意后他直接在网站上办理了入住登记手续。第二天，当这位商人抵达酒店时，房间钥匙已在前台静候他的到来，前台接待员也亲切地叫出他的名字并欢迎他的光临。当他走进房间后，发现自己喜欢的鹅毛枕和芝加哥当地的报纸也已在床上恭候他多时了。

这一切的幕后功臣是IT（信息技术）。希尔顿国际酒店集团在经营方面的过人之处就在于它利用IT来辅助客户服务。从功能齐全的客户信息系统到酒店大堂里的自助式服务亭，再到内容丰富的交互式网站，该集团的唯一目标就是让客户满意，成为回头客。希尔顿国际酒店集团并没有把IT看作成本投入，反而将其视为所有业务流程的推动力。

希尔顿国际酒店集团的标志性IT项目是OnQ平台。该平台主要在企业内部开发，包括物业管理、客房预订、电子商务、客户关系管理、人力资源、电子学习及商业智能等功能模块。它融合使用了现有技术和企业专门开发的技术，开发时间长达6年，于2003年正式投入使用。

OnQ平台中包含的数据涵盖了2250万名客人的信息，该集团还计划投入2000万美元，将该系统扩展到全球。希尔顿国际酒店集团通过使用该平台，只花了1000万美元就打造出可以用来批量预订房间及会议中心的预约系统，而且该系统还提前完工了。OnQ平台推动了大批新技术的产生，例如在集团内部400家酒店里设置的能用信用卡激活的服务亭，顾客可以在这些服务亭里自助办理入住及离店手续、升级房间以及打印登机牌。由于希尔顿国际酒店集团持续不断地增强网站的互动性，因此能让顾客像乘飞机时挑选座位一样，根据酒店的楼层平面图选择房间。客房选择功能于2006年在网站上推出，客人们可以利用该系统从楼层平面图中选择房间、浏览房间照片，并可在抵达前预订某个房间。酒店为顾客保留房间的时限长达36h。在接受希尔顿国际酒店集团调查的受访者中，有超过一半的人表示，客房选择功能改善了他们的旅行体验。

分析提示

希尔顿酒店的收费比竞争对手高，但总是宾客如云，成功的秘诀之一就是其强大的高科技组合。希尔顿酒店每间客房的收入要比业界平均水平高7%，而汉普顿旅店每间客房的收入甚至比业界平均水平高出28%。这说明客户宁愿花更多的钱也要住在希尔顿酒店。IT就是其成功的幕后功臣。

思 考 练 习

1. 酒店的概念是什么？分别举例说明酒店产品的三个组成部分。
2. 世界酒店业发展史上各阶段的主要特点是什么？
3. 酒店的分类情况是怎样的？
4. 阅读"知识链接"和"开阔视野"部分，谈谈对酒店业的认识。

第二章 现代酒店管理基础理论

学习目标

- 理解科学管理理论的两个重要理论：科学管理理论和组织管理理论
- 理解行为科学理论的两个重要理论：霍桑试验和马斯洛需求层次理论
- 理解计划职能的作用，掌握年度计划的制订方法
- 掌握不同的管理层适用的指挥形式
- 理解酒店管理中协调职能的作用
- 掌握实施控制职能的方法

第一节　现代酒店管理理论基础

管理理论的发展经历了漫长的过程，其演变历程伴随着社会生产发展的历程。在社会发展的不同阶段，管理的思想、内容、方法大不相同，就是在同一时代，各种管理学派的理论和观点之间也存在着一定的差异。了解前人的各种管理理论和方法，并善于从中吸收其精华，在酒店管理工作中加以灵活运用及创新，是我们做好酒店工作的前提。管理理论的发展大致经历了以下两个阶段：

一、科学管理理论阶段

科学管理理论是区别于经验管理的某个特定范畴，是以追求生产效率为目的，运用科学的方法按照生产规律进行管理的理论。它的基本特征是：标准化、制度化、系统化。摒弃主观主义，以客观规律为管理依据。科学管理理论诞生于19世纪末20世纪初，它的诞生是管理史上的一个里程碑。科学管理理论有美国泰勒的科学管理理论、法国法约尔的组织管理理论等。

（一）泰勒的科学管理理论阶段

泰勒是美国古典管理学家，科学管理的创始人，被管理界誉为"科学管理之父"。泰勒在他的主要著作《科学管理原理》中阐述了科学管理理论，使人们认识到管理是一门建立在明确的法规、条文和原则之上的科学。泰勒的科学管理主要有两大贡献：一是管理要走向科学；二是劳资双方的精神革命。

泰勒认为科学管理的根本目的是谋求最高劳动生产率，最高的工作效率是雇主和雇员达到共同富裕的基础。要达到最高的工作效率的重要手段是用科学化的、标准化的管理代替经验管理。

泰勒科学管理的内容可分为三个方面：作业管理、组织管理和管理哲学。

1. 作业管理

作业管理是泰勒科学管理的基本内容之一，它由一系列的科学方法组成。泰勒认为科学管理的中心问题是提高劳动生产率。

（1）作业方法和作业工具的标准化　合理的日工作量取决于合理的单件工作时间，合理的单件工作时间要以标准的作业方法为基础。泰勒通过大量的实验，对工厂的每个作业过程进行动作研究，清除作业中的各种不利因素，制订标准化的作业规程和方法，并确定作业工具标准化，设备、材料及作业环境标准化，为确定合理的日工作量奠定了基础。这就是标准化管理。

（2）确定合理的日工作量　对工人提出科学的操作方法，以便有效利用工时，提高功效。研究工人工作时动作的合理性，去掉多余的动作，改善必要动作，并规定完成每一单位操作的标准时间，制订出劳动时间定额。这就是工作定额管理。

2. 组织管理

在传统的管理中，生产中的工作责任都推到工人身上，而工人则按照自己的习惯和经验来进行工作，工作效率由工人自己决定。因为这与工人的熟练程度和个人的心态有关，泰勒深信这不是最高效率，必须用科学的方法来改变。科学的方法就是找出标准，制订标准，然后按标准办事。而找出和制订标准的工作应由专门的人来负责，因此必须把计划职能和执行职能分开。计划职能归管理，计划部门从事全部的计划工作，并对工人发布命令。泰勒把这种管理方法作为科学管理的基本原则，这也使得管理思想的发展向前迈进了一大步，将分工理论进一步拓展到管理领域。

泰勒为组织管理提出了一个极为重要的原则——例外原则。所谓例外原则，就是指企业的高级管理人员把一般日常事务授权给下属管理人员负责处理，而自己保留对例外的事项，一般也是重要事项的决策权和控制权，如重大的企业战略问题和重要的人员更替等。这种例外的原则至今仍然是管理中极为重要的原则之一。

3. 管理哲学

泰勒的另一项主张是将管理的职能从企业生产职能中独立出来，使得企业开始有人从事专职的管理工作。这样就进一步促进了对管理实践的思考，为管理理论的进一步形成和发展开辟了道路。

科学管理在当时的美国和欧洲受到了非常热烈的欢迎。即使在今天，科学管理思想仍然发挥着巨大的作用，现代管理科学学派可以说是科学管理思想的必然延伸。甚至在今日的西方世界，有许多学者面对现代西方许多颓废的思潮在大声地疾呼要恢复到科学管理的时代去。

开阔视野

弗雷德里克·温斯洛·泰勒（见图2-1）是美国古典管理学家，科学管理的创始人，被管理界誉为科学管理之父。在米德维尔工厂，他从一名学徒工开始，先后被提拔为车间管理员，技师，小组长，工长，设计室主任和总工程师。在这家工厂的经历使他了解工人们普遍怠工的原因，他感到缺乏有效的管理手段是提高生产率的严重障碍。为此，泰勒开始探索科学的管理方法和理论。泰勒从"车床前的工人"开始，重点研究企业内部具体工作的效率。在他的管理生涯中，他不断在工厂实地进行实验，系统地研究和分析工人的操作方法和动作所花费的时间，逐渐形成其管理体系——科学管理。

图 2-1

泰勒的成就十分巨大，总结起来，至少在以下几个方面的影响延续至今，成为现代管理理论的智慧根基。

第一，首先采用实验方法研究管理问题，开创实证式管理研究先河。

泰勒不是坐在学院里进行饶有兴趣的逻辑性推理，而是走进工厂，深入车间，做了大量著名的实验，短则一周数天，长的竟达26年，如他进行的"金属切削实验"。这就如同培根和伽利略首先在科学、哲学上引进实验方法，使得近代科学、哲学可以进入真正的科学层面一样，泰勒使得管理学由杂谈变成了一门真正的严肃严谨的科学。而其实证方法，则为管理学研究开辟了一片无限广阔的新天地。

第二，开创单个或局部工作流程的分析，是流程/过程管理学的鼻祖。

泰勒的创造性贡献还在于，他首先选取整个企业经营管理的现场作业管理中的某一个局部，从小到大地来研究管理。这样与实证方法相配合的研究方式，是一种归纳研究方法，即由许多具体案例或实验结果，归纳提升成为整体性结论。对于像管理学等应用性或实践性科学来讲，归纳法比演绎法具有更加突出的重要性。而其对单一或局部工作流程的动作研究和时间研究，合起来即为流程效率研究，更为后世所学习，成为研究和改进管理工作的主要方法。

第三，率先提出经验管理法可以为科学管理法所代替，从而开拓了管理的视野。

泰勒的管理理论之所以被尊称为科学管理理论，原因在于他首次突破了管理研究的经验途径这一局限性视野，首次提出要以效率、效益更高的科学性管理，来取代传统小作坊师傅个人经验传带或个人自己积累经验的经验型管理。这就告诉我们，经验对于管理虽然是重要的基础性的，但却远非决定性的和唯一性的，任何工作和业务流程，通过科学的探讨，都能够接近并在一定程度上达到完美。从此，人们认识到在管理上引进科学研究方法的重要性和必要性。

第四，率先提出工作标准化思想，是标准化或基准化管理的创始人。

泰勒以作业管理为核心的管理理论，其目的是达到现实生产条件下最大生产效率，但其研究成果却是以标准化，即各个环节和要素的标准化为表现形式，这是一个很重要的标准量化管理的研究成果，开启了标准化管理的先河。现在的许多标准如 ISO、GMP 等大量标准化管理体系，其沿用的仍然是泰勒的思想方法和工作方法。标准化管理已经成为现代管理中不仅仅是生产管理的一个普遍性核心构成部分。

第五，首次将管理者和被管理者的工作区分开来，管理首次被作为一门可研究的科学。

泰勒在工作和研究中认识到，强调分工和专业化对于提高生产效率是重要的，因此，他首先提出了管理者和被管理者的工作其实是不一样的。简单地说，管理者工作主要在计划，而被管理者工作主要在执行。另外，管理者还要进行例外管理。泰勒甚至设计出了一种职能工长制管理模式，以实现其管理理论。这模式可能已经不适用了，但他的思想仍然是活着的。把管理从生产中分离出来，是管理专业化、职业化的重要标志，管理因此被认为是一门需要独立研究的科学。

第六，首次提出管理转变必须考虑人性。

在今天看来，泰勒的科学管理哲学并不是什么惊天动地的事，但对于泰勒本人和当时的时代来说则恰恰就是这么一回事。泰勒自己宣称："科学管理在实质上要求任何一个具体机构或机构中的工人及管理人员进行一场全面的心理革命，没有这样的心理革命，科学管理就不存在。"他说的不存在的意思是——不可能被正确理解、接受和很好地顺利实施。原因在于人们如果不能把思想从小农生产转变到工业化大生产的认识上来，劳资合作以便于提高生产效率、提升双方整体福利的新措施就不可能实施。因此，泰勒考虑到了管理转变关系到人性的许多层面，他虽然没有展开深入研究，但他建议企业要考虑到各个层面人们的感受，尤其是强调工人要能够愉快地胜任新方法下的工作并获得更高报酬，这说明了泰勒虽然较多关心提高社会生产总效率问题，但并不是对工人很残酷。

（二）法约尔的组织管理理论

亨利·法约尔是管理思想的古典理论家的杰出代表，他把管理看作一组普遍的职能，即计划、组织、指挥、协调和控制。法约尔把管理实践看作有别于会计、财务、生产、分销和其他典型生意职能的一种功能。他强调，管理是工商企业、政府甚至家庭中所有涉及人的管理的一种共同活动。法约尔的著作很多，1916年出版的《工业管理和一般管理》是其最主要的代表作，标志着组织管理理论的形成。

1. 区别了经营和管理的概念

法约尔认为，任何企业都有六种基本活动：技术活动——工厂的生产、制造和加工等活动；商业活动——企业与社会的交换，包括买和卖；财务活动——资金的筹措、资金的运转；安全活动——设备安全、生产安全、职工安全、企业风险的避免；会计活动——对资金运转的记录，对成本、收入、利润的核算；管理活动——计划、组织、指挥、协调、控制。

管理活动在企业六种基本活动中处于核心地位，因为其他五种企业活动都需要管理。法约尔把经营和管理加以区分，意味着企业中的管理活动是一种较特殊的职能，其他五项活动是具体的业务活动，它们是有区别的。但管理不是独立存在的，它融合在其他五项职能之中。

2. 提出五大管理职能

法约尔将管理活动分为计划、组织、指挥、协调和控制五大管理职能，并进行相应的分析和讨论。

3. 提出十四项管理原则

劳动分工原则、权力与责任统一原则、纪律原则、统一指挥原则、个人利益服从整体利益原则、组织的稳定性原则等。

开阔视野

亨利·法约尔（见图2-2）（Henri Fayol，1841—1925），古典管理理论的主要代表人之一，也是管理过程学派的创始人。

法约尔研究分为四个时期：第一时期从1860年至1872年，此时他还是个下级，主要致力于其公司采矿的工程问题；第二时期从1872年至1888年，这时他已是其公司一批矿井的总管，其思路主要在煤田地质和矿井寿命等问题上；第三时期从1888年至1918年，此时期刚开始时，其公司财政状况极为困难，几乎濒于破产。法约尔在这时立刻被任命为总经理，并改组了公司，成立了新的被称为"科芒博"的煤铁联营公司。法约尔获得巨大的成功，当他77岁退休时，公司财力已达到不可动摇的地位，人员素质也亦属不可多得；第四时期从他退休直到逝世，虽已年逾古稀，但精力不衰。从1918年直到1925年，他致力于普及自己的管理理论工作，对他30年事业上的惊人成就加以总结。最后，作为一名管理学的

图 2-2

哲理家和一名国务活动家，他在本国和很多其他欧洲国家的思想史上留下的影响并不逊色于弗雷德里克·温斯洛·泰勒给美国留下的影响。

法约尔还强调管理教育的必要性与可能性。鉴于当时的学校中并不开设管理方面的课程，法约尔呼吁管理教育应该普及，在小学里是初级的，在中学里稍广泛一些，在大学应是很普遍的。而管理教育实现的首要前提是形成一种管理理论，因为没有管理理论，又没有方法，许多管理人员将永远是一个"初学者"，只能去墨守以往技术、商业等方面的成规。法约尔还认为，管理教育不是为把所有的学生都培养成好的管理者，如同技术教育不是为了把所有的学生培养成优秀的技术人员一样，只是要求起到像技术教育那样的作用，即引导青年人理解并运用他们的前辈的经验教训。因此每个人或多或少都需要管理的知识。

二、行为科学理论阶段

行为科学是以人为研究对象，从心理学、社会学的角度去研究管理，重视社会、心理对人和生产效率的影响，并进一步研究改善生产环境、组织结构、管理方式，从精神和物质上给员工以激励，目的是充分调动人的积极性，挖掘人的潜力，充分利用人力资源使其达到最佳效果。所以，行为科学就其主要内容来说，就是对企业员工在生产中的行为以及这些行为产生的原因进行分析研究，按照需求产生动机的规律，挖掘人的才智，达到企业目标的管理方法。

（一）霍桑实验的结论——人际关系理论

霍桑实验是指美国哈佛大学教授乔治·梅奥等人在芝加哥西方电器公司霍桑工厂进行的人际关系实验。根据该实验结果提出了著名的霍桑实验结论，即人际关系理论，为行为科学奠定了基础。

从20世纪20年代美国推行科学管理的实践来看，泰勒旨在使生产效率大幅度提高的同时，也使工人的劳动变得异常紧张、单调和劳累，因而引起了工人们的强烈不满，并导致工人的怠工、罢工以及劳资关系日益紧张等事件的出现；另一方面，随着经济的发展和科学的进步，有着较高文化水平和技术水平的工人逐渐占据了主导地位，体力劳动也逐渐让位于脑力劳动，也使得西方的资产阶级感到单纯用古典管理理论和方法已不能有效控制工人以达到提高生产率和利润的目的，这使得对新的管理思想、管理理论和管理方法的寻求和探索成为必要。霍桑实验正是在这一大背景下进行的。霍桑工厂是一个制造电话交换机的工厂，具有较完善的娱乐设施、医疗制度和养老金制度，但工人们仍愤愤不平，生产成绩很不理想。为找出原因，美国国家科学委员会组织研究小组开展实验进行研究。

1. 工人是"社会人"而不是"经济人"

泰勒把工人看作只是追求高工资的"经济人"，主张只要通过工作条件、工作报酬等方面的改进就可以提高生产效率。但是，霍桑实验表明，工人是"社会人"，他们的行为并不单纯出自追求金钱的动机，还有社会方面的、心理方面的需求，即追求人与人之间的友情、安全感、归属感和受人尊敬等，而且后者更为重要。因此，必须从社会和心理方面来满足工人的需求，才能更有效地激励工人提高劳动生产率。

2. 在企业中，除了正式组织之外，还存在非正式组织

这种非正式组织的作用在于维护其成员的共同利益，使之免受其内部个别成员的疏忽或外部人员的干涉造成的损失。因此，非正式组织中有自己的核心人物和领袖，有大家共同遵守的观念、价值标准、行为准则和道德规范等。梅奥指出，非正式组织和正式组织有重大差别，在正式组织中，以规章制度制约为其行为；而非正式组织是由共同的利益、共同的情感

而形成的非正式团体,它是一种无形的组织,但它制约着成员的行为,对提高劳动生产率有很大的影响。

3. 提高员工的士气在于满足员工的社会需求

生产效率不单受工作方法和工作条件的制约,还取决于士气。士气决定于员工对社会、心理等方面需求的满足,如归属感、安全感等。这些需求的满足又取决于个人、家庭、社会生活,以及企业中人与人的关系。

霍桑实验还得出一个结论:由于受到额外的关注而引起绩效上升的情况,我们称之为"霍桑效应"。霍桑实验的贡献:第一次把研究的重点从工作和物质的因素上转移到人的因素上,不仅在理论上对古典管理理论作了开辟和补充,还为现代行为科学理论奠定了基础,而且对管理实践产生深远影响。

(二)马斯洛的需求层次理论

需求层次理论是研究人的需求结构的一种理论,是美国心理学家马斯洛首创的一种理论。他在1943年出版的《人类动机的理论》一书中提出了需求层次理论。书中将人类需求像阶梯一样从低到高按层次分为五种,分别是:生理需求、安全需求、社交需求、尊重需求和自我实现需求(见图2-3):

1)生理需求,是个人生存的基本需求,如吃、喝、住。
2)安全需求,包括心理上和物质上的安全保障,如不受盗窃和威胁,预防危险事故,职业有保障,有社会保险和退休基金等。
3)社交需求,人是社会的一员,需求友谊和群体的认可,人际交往需要彼此同情、互相赞许。
4)尊重需求,包括要求受到别人的尊重和自己具有内在的自尊心。
5)自我实现需求,指通过自己的努力,实现自己对生活的期望,从而对生活和工作真正感到很有意义。

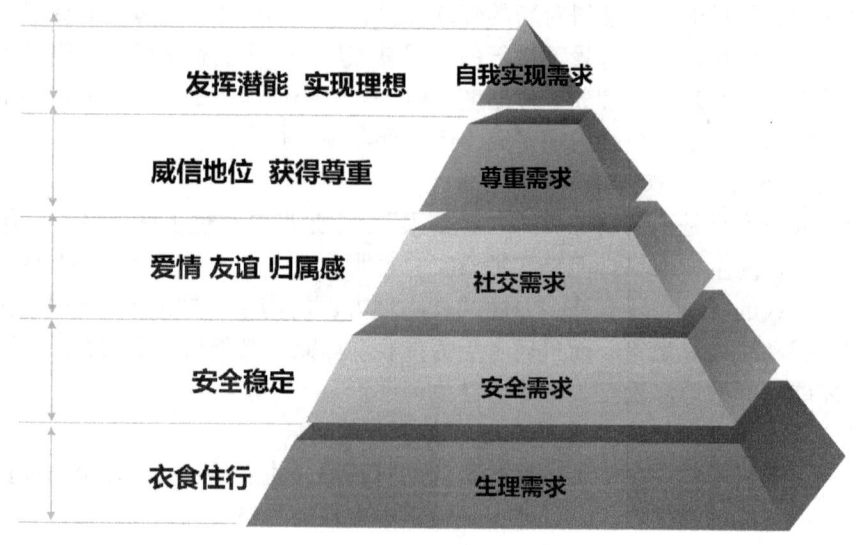

图 2-3

马斯洛的需求层次理论认为，需求是人类内在的、天生的、下意识存在的，而且是按先后顺序发展，低层次的需求满足了，才会产生高层次的需求。因此，满足了的需求不再是激励因素，管理者应根据人的不同需求去调动他们的工作积极性。

马斯洛的需求层次理论同样可以运用到经济学中。经济学上，消费者愿意支付的价格完全取决于消费者获得的满意度，也就是说，同样的洗衣粉满足消费者需求层次越高，消费者能接受的产品定价也越高。市场的竞争总是越低端越激烈，价格竞争显然是将"需求层次"降到最低，消费者感觉不到其他层次的"满意"，愿意支付的价格当然也低。

第二节　现代酒店管理的基本职能和方法

一、酒店管理的基本职能

（一）酒店的计划职能

1. 计划的含义

简单地说，计划就是酒店预先决定做什么、如何做、何时做和由谁做，即计划的前提是决策，决策的结果是形成计划。所以，计划职能就是指酒店通过周密地、科学地调查研究，分析预测，并进行决策，以此为基础确定未来某一时期内酒店的发展目标，并规定实现目标的途径和方法。因此，在酒店管理中，首先要有科学合理的计划。

2. 计划的作用

（1）确立酒店统一行动的目标　酒店管理者和员工分布在各个不同的部门工作，他们一般都非常关注自己部门的利益，不太考虑酒店整体的利益，而有一个完整的计划，则可以帮助他们了解酒店的整体利益，增强其全局观念。

（2）充分利用酒店的各种资源　计划职能可以使酒店对所拥有的人、财、物等资源进行合理、有效地组合与调配，使人尽其才、物尽其用，减少人力、物力、财力的浪费，从而形成尽可能大的接待能力，并实现酒店效益最大化。

（3）增强适应环境变化的应变能力　计划职能在确定酒店目标的同时也规定了实现目标的途径和方法。这些途径和方法充分考虑了酒店内外环境的变化及其趋势，使酒店在市场竞争日趋激烈、顾客需求日益多元化的环境中求生存图发展，变被动为主动，增强酒店的应变能力。

3. 计划的类型

按照不同的分类标准，酒店计划可分为不同的类型，最常用的是按时间分类和按范围分类。

（1）按时间分类　按时间分类，酒店计划分为长期计划、中期计划和短期计划。

长期计划是指酒店在较长时期（一般在三年以上）内有关酒店发展方向、规模、设备、人员、等级等方面的战略性、纲领性计划。由于计划期较长，未来存在大量的可变因素，所以长期计划不宜过于具体，应符合"远粗近细"的计划原则。

中期计划是计划期在一到三年的计划。中期计划中，年度计划的制订较多。年度计划是指酒店具体规定计划年度内各部门、各阶段的目标和任务的计划。它是酒店全体员工在计划年度内的行动纲领和依据，是酒店最重要的计划。

短期计划是指酒店以一个季度（季度计划）或一个月（月度计划）为期限对酒店各种工作所做的具体安排。它是年度计划的具体化，是酒店员工实施的执行性计划，所以应尽量详细、具体、明确，具有可操作性。

（2）按范围分类　按范围分类，酒店计划可以分为酒店总体计划和各部门的分类计划，即部门计划。

酒店总体计划是指确定整个酒店目标和任务的综合性计划，它包括酒店计划目标的制订、目标的分解及其说明、计划的实施过程及其措施方法等内容。

部门计划是指酒店内各部门为实现酒店的总目标而制订的本部门在计划期内需要完成的具体目标和任务的实施性计划。所以部门计划的制订是以酒店总目标和政策为指导的，它包括部门的具体目标、实施细则等内容。

4. 计划的制订

制订计划是管理的基础。酒店制订计划必须充分考虑酒店的各种内外信息，整理分析收集到的信息。在信息准备的基础上，管理者制订酒店计划草案以供有关人员讨论，并根据讨论意见对草案进行反复修改，使之更可行、更具体化。当酒店上下相关人员对计划草案达成共识后，即可把可行的计划确定下来，作为日后工作的依据。

5. 计划的实施

编制计划的目的是使酒店所有管理者和员工实施计划，实现计划目标。计划的实施分计划的执行和计划的控制两方面。

（1）计划的执行　酒店计划一旦确定，就应将其分部门、分层次、分阶段层层分解，逐一落实到部门、班组、员工，甚至分解至酒店业务活动的淡季、平季、旺季或月、周等。

计划展开分解后，酒店计划成为各个部门和每位员工的具体工作任务。为有效完成这些任务，就必须授予相应的权利，并规定达到计划目标后的相应的利益，做到责、权、利的统一。

在执行计划过程中，管理者还必须通过严格的考核制度和分配的激励机制调动员工的积极性，监督计划的执行情况，检查计划的执行结果，发现问题，并彻底解决问题。

（2）计划的控制　管理者通过检查计划的实施结果，将实际结果与计划目标进行比较，找出两者的差异，然后针对差异进行认真分析，分析造成差异的原因，根据差异原因修订计划。但无论是局部修订还是总体修订都必须慎重，要反复讨论、论证后决策。酒店还应根据计划实施的实际结果，客观、公正地对计划进行评价，反思计划的制订和实施过程，总结经验教训，为下期计划的科学性、合理性提供参考。

（二）酒店的组织职能

酒店组织职能是指为了有效地达到酒店计划目标，管理者确定组织结构，进行人、财、物、时间、信息等资源的调配，并划分部门、分配权力和协调酒店各种业务活动的管理过程。组织职能是计划职能的自然延伸，它贯穿于酒店管理的全过程。其具体内容如下：

1）确定酒店的管理体制。
2）设置合理的酒店组织结构。
3）进行编制定员，明确各管理层次及相应的责任和权力并选用合适的人员。
4）建立信息沟通系统，进行各级各部门间关系协调。
5）进行资源调配，使酒店形成接待能力并开展接待业务。

6）建立并健全酒店管理制度。

酒店组织管理是否有效，其结果将直接影响到整个酒店的经营成果。所以，组织职能是实现计划的重要保障，也是其他管理职能的基础和前提。

（三）酒店的指挥职能

1. 指挥职能的含义

指挥职能是管理者凭借权力和权威，对指挥对象发出指令，使之服从代表决策计划的管理者个人意志，并付诸行动。

指挥职能包含以下几个特点：

1）指挥是以职权为基础的。运用不同职位的相应权力是指挥的基本特征，也是做好指挥工作的一种手段。必须指出的是，运用权力只能是做好领导工作的一种手段，单纯运用权力而忽视员工行为因素和情绪因素，就会变为独裁而使下属明显地感到权力的压力，产生逃避和反抗行为。

2）指挥是以影响力为诱因的。影响力包括强制性影响力和自然影响力两个方面。强制性影响力主要来源于权力；自然影响力主要来源于管理者的个人因素，如管理者的某种专长、业务能力、道德风貌等，它是建立在下属出自内心认可的基础上。

3）指挥是率领和指导下属的一种管理活动。"率领"和"指导"有两方面的含义：一是要身体力行地与下属共事，在工作现场进行具体的指挥行为，使下属尽职尽责；二是要了解下属的感受和他们在贯彻管理者领导意图及执行计划任务时所面临的问题，并帮助解决这一问题。

4）有效指挥的四要素。有效指挥应具备四个基本要素：酒店的决策计划应该是明确的；指挥者的个人意志及指挥才能是有效指挥的重要条件；指挥对象的素质；组织的习惯和风气。

2. 指挥职能的类型

要使指挥有效，就要求指挥者具有权威性及恰当地使用指挥技巧。指挥者所处的环境不同，指挥的形式也就不同。指挥的类型可分为以下四种：

（1）直意指挥　直意指挥是指指挥者用明确的信息对下属发出指令。在酒店，直意指挥是最大量和最经常发生的，直意指挥的形式是直接下达指令，通常采用肯定或否定的语言，简洁地表达，直截了当。直意指挥要明确指出该指令的结果和时限要求，提出执行指令的具体步骤。

（2）启发式指挥　启发式指挥是由指挥者通过引导启发的形式使指挥对象的思路和指挥者的决策相一致，然后再下达指令。启发式指挥的特点是对面临的问题，指挥者和指挥对象的认识不统一，于是通过指挥者对指挥对象的引导启发，使指挥对象发挥能动性而对要解决的问题按正确的思路进行自我思考和自我决策。当指挥对象的思路和指挥的决策相一致时，再下达指令，该指令就会为指挥对象所充分理解，从而坚定地、自觉地、圆满地执行指令。

（3）归纳式指挥　归纳式指挥是指指挥者在做出一个重要的指令前，充分听取各方面的意见，然后归纳为一个合理的决策，根据决策下达指令实施指挥。酒店管理者往往会碰到一些复杂的问题，或涉及各部门的问题。对这些问题指挥者感到心中没底很难决策，或没有把握断然下令时，可以听取多方面的意见，充分了解情况，集思广益。在归纳多方的意见形成一个较完整的决定后，再下达指令。

（4）应急式指挥　应急式指挥是指挥者在一些较特殊的情况下临时发出的一些较紧急的指令。在酒店经常会发生一些特殊情况，这些情况又需要马上处理，时间紧迫又要立竿见影，容不得周密的思考和筹划，只有当即指挥尽快解决问题。应急式指挥只抓主要矛盾，解决主要矛盾，很少顾及其他。

（四）酒店的协调职能

1. 协调职能的含义

协调职能是管理人员以决策为依据对不同的人、事、业务之间的联系调整等活动，使之相互配合，和谐一致，以达到酒店的经营目标。协调是一种职能活动。协调职能是以酒店的决策目标为基本出发点，使各种人和事、部门之间、各项业务之间能互相配合、互相衔接、互相制约，形成一个和谐的整体。

2. 协调职能在酒店管理中的作用

管理的协调职能对服务质量有重要影响。酒店的服务质量是一个整体，酒店的优质服务是全体员工共同努力的结果，酒店任何一个部门都无法单独完成对客人的优质服务，部门与部门、岗位与岗位之间只有环环相扣，通力协作才能产生优质服务。

协调职能是酒店生存和发展的必要条件。酒店是一个系统，是社会大系统中的一个子系统，酒店和社会存在着千丝万缕的联系，而社会是一个极其复杂的系统，酒店就处在这样一个复杂的系统之中。因此，正常的、庸俗的各种关系都会掺杂在一起，如果关系处理得不好，就有可能危及酒店的生存和发展。协调融合酒店和社会的关系，保证酒店的生存和发展是协调职能的又一任务。

3. 协调职能的类型

（1）内部协调　内部协调在酒店管理中大量存在，主要有以下几种：

1）组织协调。指酒店在组织结构、人员安排、人员调配、信息联系等方面的协调。

2）常规业务协调。即通常所说的业务协调，这类协调根据需要进行。

3）特别业务协调。特别业务指非常规性的一些接待任务、突然发生的一些业务或事件。

4）人际关系协调。人际关系指酒店里人与人的关系。在我国的酒店里，人际关系是多种多样错综复杂的，各种非工作关系、个人情绪、个人感情，都会掺杂到工作关系中去。

5）意识与行为的协调。酒店需要的是员工的正确行为，行为是受意识支配的。有了正确的酒店意识，不一定产生相应的行为。协调职能能帮助员工树立正确的意识，通过意识引导行为，或使行为上升到意识。协调职能注重酒店意识的培养，再用酒店意识规范行为。

6）指挥系统协调。酒店指挥系统的平衡协调也极为重要。指挥系统是一个命令和信息反馈的通道，保证命令的统一性、及时性，保证信息的及时反馈，都有赖于指挥系统的有效性。而指挥系统最易发生的问题是链环的断裂、信息的走样、有信息而无行动。要消除这些现象，要靠协调职能发挥作用。

（2）外部协调　外部协调分以下几种：

1）与顾客的协调。酒店与顾客的关系是酒店一切关系的枢纽和中心，酒店一切关系的协调和平衡都应服从这一关系的协调和平衡的需要。与顾客的协调主要有：保证顾客的权益、了解顾客的需求、协调处理好投诉顾客与酒店的关系。

2）与政府部门的协调。政府部门以法律法规对酒店实行行业管理和行政监督，政府管理和监督的出发点是维护全社会的利益，支持和促进酒店的发展。酒店经常要与政府部门协调，使关系得以健康发展。

3）与客源单位的协调。酒店与客源单位在客源输送、客流、价格、业务、财务结算、信息等方面经常要协调，使供求关系平衡稳定。

4）与社会各方面的协调。酒店只有与社会各方面协调好才有可能发展。

4. 协调的方法

协调职能不仅是一种管理职能，而且还是一种很有灵活性的管理艺术。

（1）计划协调　计划协调是指把计划的总目标和各部门计划目标相互平衡衔接起来。计划协调是从全局整体上着眼，不仅对酒店及各部门的目标、指标做出规定，进行平衡，还需对完成目标任务所需的资金、物资、人员、业务安排做出协调和平衡。

（2）制度协调　协调职能是以硬性的制度和规范为依据。现代酒店制度一方面制定了酒店员工的行为规范，同时制度对正式组织的协调也做了规定。

（3）思想意识的协调　思想意识的协调主要通过当事人自己的协调意识、组织观念、质量意识、服务意识等多种观念来支配自己的行为，自我调节、主动配合做好协调。

（4）指挥协调　指挥协调是指挥者在实施指挥职能时充分考虑达到指挥目标的各种条件和要素，各条件要素存在和发挥作用的条件，使各要素互相平衡。

（5）会议协调　利用会议进行协调工作是现代酒店经常采用的方法。会议协调的好处是多人在一起，能对问题进行充分讨论，对各方面细节都能顾及，协调能更充分。

（五）酒店的控制职能

1. 控制职能的概念

控制职能是管理人员接受酒店的市场信息和内部信息，按决策目标和核定的标准对酒店经营业务活动进行监督、调节、检查、分析，使之不发生偏差而依照正常的轨道进行，以达到预期目标的管理活动。

2. 控制的内容

（1）计划的控制　制订计划时，要平衡调配酒店的人、财、物，平衡计划指标和计划进度；执行计划时，对完成计划指标，调整计划指标，完成计划进度，各部门计划的落实和完成等进行控制。

（2）服务质量的控制　对设备设施、服务水平、安全保卫工作以及质量对市场的适应性、顾客对服务质量的投诉、质量计划执行情况等进行的控制。

（3）业务控制　对业务运转、业务量、各种不同的业务、特殊业务、业务运转中的服务规程实施控制。

（4）人事控制　人事控制主要是对人员的质和量两方面的控制。质的控制是按人事计划和各类人员的素质标准，通过培训、使用、激励等使人员达到素质标准的要求。量的控制是根据组织原则所核定的管理人员岗位和编制定员，配备各类人员，对人员的数量和工资支出实施控制。

（5）财务控制　财务控制是对投入的资金、流动资金、效益的控制。具体地说，财务控制要控制核定资金投入、资金分配、资金周转、资金构成、还贷付息、成本与费用、营业收入、毛利润、利润与税金、股东利益分配、员工分配、基金的设立与使用、财务运转等。

（6）物资控制　物资控制是成本费用控制的重要方面。物资控制主要有物资采购、库存、仓库管理、物资消耗定额等的控制。

以上是酒店控制职能的主要内容，酒店抓住这些内容实施控制，就能保证酒店的正常管理和运转。

3. 控制的方法和措施

第一步，检测实际结果。酒店检测实际结果有两种形式：一是对已形成的结果进行检测与分析，如各种营业及财务指标，各业务过程中每个业务周期结束后的结果（如客房整理完毕后的检查结果）等，结果要明确；二是现场实际检测与分析，即各业务进行过程中的情况，如每个业务周期中各部门的业务过程、棉织品洗涤过程中的洗涤质量等。

第二步，评估及发现偏差。评估是把检测结果与目标和标准进行比较，比较后可能有三种情况：一是偏差在允许值范围内或无偏差。这种情况是理想状况，一般不做分析或采取措施；二是评估结果发现正偏差，一般说，这样对总目标是理想的，如营业额、利润额等正偏差越大越好。但并非所有的正偏差都好，对正偏差要作分析；三是评估结果出现负偏差。一般来说，负偏差不会产生好的结果，要作分析，如成本出现负偏差，可能意味着原材料的涨价，或客流量减少了。

第三步，查明产生偏差的原因。一般来说，酒店目标和标准在实际业务过程中产生偏差的原因有这么几种情况：一是目标和指标的不合理性；二是业务运转中，实际工作的误差而造成的偏差；三是因为外部环境有较大变化而引起的酒店实际情况和目标的偏差；四是几种因素共同造成的偏差。只有确定原因之后，才能纠正偏差。

第四步，偏差纠正。酒店管理的控制职能主要围绕着客服务过程发挥作用。控制职能纠正偏差可分为：预先控制，即在业务进行前把可能产生偏差的原因先行去除掉，保证业务的正常进行；现场控制，即在业务进行时，酒店管理人员在现场指导监督，发现问题及时纠正；事后控制，即在业务周期完成后发现偏差纠正偏差。

在酒店经营管理中，不同管理层次的管理人员执行管理职能的侧重点是不同的。高层次管理人员侧重于计划、组织，低层次的管理人员则注重指挥、控制。

二、酒店的管理方法

管理方法，就是管理者为实现管理目标，在管理过程中所采取的方式、手段和途径。采用科学的管理方法，有利于促进管理目标的尽快实现；有利于提高管理的效能，进而提高酒店的经济效益和社会效益；有利于提高酒店的管理水平，促进管理的现代化。酒店各级管理者都必须充分认识管理方法的重要性，努力探索各类管理方法的有效机制，研究各种方法运用的艺术技巧，提高管理方法应用的科学性，以便更好地实现管理目标。

在酒店管理中，最基本的方法有四种：行政方法，经济方法，法律方法和社会学、心理学方法。

（一）行政方法

酒店管理方法中的行政方法，是指依靠机构的权威，通过组织与指挥等行政手段直接影响和干预管理对象，以实现管理目标的方法。行政方法在酒店管理中的主要形式有：管理者发出的各种指示、命令、要求等；上级向下级下达的指令性或指导性计划等；各种形式的监督、检查、考核等；各种批评与行政处分等。

（二）经济方法

酒店管理中的经济方法，是指依据经济组织，利用奖罚等表现经济手段，通过影响和调节管理对象的物质利益从而促进管理目标的方法。经济方法在酒店管理中的主要形式有：实行工效挂钩的各种工资形式；各种形式的奖金及其他物质奖励；各种集体福利与个人生活待遇；各种劳动定额。经济分析与经济核算等；各种经济处罚。

（三）法律方法

酒店管理中的法律方法，是指依靠法令、制度，通过法制规范的手段，强制性推动与约束被管理者去实现管理目标的方法。在酒店管理中，法律方法的主要形式有：遵守国家的法律法令、法规，依法经营和依法行事；企业制定的较为重要的制度、政策、规范等；对违法违纪行为的追究与处罚。

（四）社会学、心理学方法

企业管理中的社会学、心理学方法，是借助社会学、心理学机制，通过政治教育、思想沟通、社会交往等手段，以满足被管理者的社会心理需要，促其自觉自愿实现管理目标的方法。在酒店管理中，社会学、心理学方法应用领域极为广泛，主要形式有：酒店结合管理目标而开展的多种形式的思想教育工作；各种形式的思想沟通，感情交流；定向疏导与说服；人与人之间的交往、联络活动等；尊重人的个性，鼓励兴趣，为员工提供自我表现的机会；开展宣传舆论工作，造就理想的氛围环境；表彰、鼓励、评优等。通过工作丰富化等现代工作设计技巧，使广大员工对本职工作满意，这是最有效的工作激励。

案例分析

酒店员工管理创新案例

某大酒店是一家1991年开业的四星级酒店，曾经在开业头12年以平均年创利润24%以上的盈利能力为同行所羡慕。1996年，该酒店全年营业收入1亿多元，经营毛利润达4000多万元，创下当时该地区酒店业的历史最高纪录。今天，该酒店虽不再是本地区最高、最豪华的酒店，但业绩依然让人欣慰：2010年创收8000多万元，2011年还在高星级酒店餐饮外卖服务上独占鳌头。这一切源自于酒店员工管理上的创新之举——人人关注入住率。

该酒店曾经开展过一个内部的大讨论，探讨像这样的老酒店是否存在竞争优势，若将服务做到极致，是否应该讲求服务文化。这场讨论使该酒店的全体员工都认识到，本地区的酒店越来越多，比硬件，肯定比不过某些其他酒店，比价格不值得，只有比服务、比创新，才有出路。

酒店管理层决定，要让服务创新成为集体意志，先用酒店入住率来牵引大家的视线。

该酒店把每天的入住率通报都贴在员工食堂门口，让全酒店人都关注酒店的营收。甚至连员工食堂的阿姨也知道，需要让每一名顾客满意，酒店才会有回头客，才会有较高入住率，大家才会有奖金发。

对张榜公布入住率，管理层也曾犹豫过。有人担心说，若入住率只有30%，贴出来有点儿难看，不利于鼓励士气。但酒店高层态度非常明确——当全体员工都有忧患意识之时，就是酒店勇往直前之时。

正是人人关注酒店营收，每位员工也就成为了关注顾客满意度的"大堂经理"。

一位专程来旅游的老年游客,向大堂礼宾部询问该乘什么车去。礼宾部员工不是就事论事,而是非常具体地把旅游点的情况,包括最新的特展、营业时间等,都向这位老伯做了详细介绍,使这位顾客避免了太早去而吃闭门羹的尴尬,且在有限的时间里看到了最精彩之处。这位顾客后来还专门写了一封感谢信,表示在不少人抱着"多一事不如少一事"态度的今天,该酒店的员工不仅热心,而且敬业、专业,以后一定还住该酒店。

"无No"服务成为准则

服务要说"No",很容易,要不说"No",则非常不容易。但若能把"无No"服务上升为一种企业文化,成为员工一种行为准则,那就是酒店在竞争中的一把利器。

那场大讨论后,该酒店提出了"无No"服务文化,并进行全员培训,让每位员工用心擦亮品牌。

记者在采访中,了解到这样一个事例。一天,一位住店的客人着急地来到大堂,问是否可以提供苹果手机的充电服务。当时,苹果手机刚刚推出,酒店没有配备这种充电器。按照一般的服务原则,有则有,无则无,最多告诉客人附近哪里有可能买到这种充电器。但在大堂经理眼中,这恰恰是"无No"服务的好机会。

那位客人如此着急,意味着手机电池耗完后无法与外界联系,也许会失去一笔大生意。大堂经理不仅一一致电工程部、IT部寻求解决办法,而且还积极寻找有苹果手机的员工借用。当一名员工气喘吁吁地把自己的充电器送到大堂时,这位客人感动不已,在连声道谢的同时,也订下了下次入住的房间。

"无No"服务一旦成为每个员工的行动准则,那么就形成了酒店的核心竞争力。

一天,客房部接到一个客房送餐电话,若按照过去习惯,只要告诉客人再重拨一个电话,直接打到客服中心即可。但接电话的员工按照"首问责任制",立即协调厨房等相关部门,准点把送餐车推进了客房,并在一小时后到客房收餐盘时才告诉客人,以后客房送餐可以直接拨1,而不用拨6找客房部。这时,客人才明白刚才的送餐是"分外服务"。

这是内部培训的经典案例。客人不知道哪个电话是准确的,错不在客人,而在酒店,因为酒店有义务让客人知晓该如何正确拨打。在客人不明白的情况下,拨到哪个部门,哪个部门就应该补位,而不是推诿转嫁,这就是"无No"服务文化的要义。

2011年,本地区酒店业"僧多粥少"书面严峻。该酒店利用改建后增加的6个宴会厅和5个会议室以及可以承办7家婚宴的优势,打造了该酒店独特的婚宴品牌和会议品牌;本地区大型活动频繁,该酒店及时瞄准餐饮外卖服务这一新服务,曾经在各类比赛中,外卖配餐服务独占鳌头,书写了高星级酒店餐饮外卖的新纪录。

分析提示

阅读案例分析,重点关注这么几点:

1. "万众创业　大众创新",该酒店在现有规模、资金、人员的基础上,是如何"创新"的?

2. 复习行为科学理论,结合阅读资料,试着总结一下该酒店是如何让员工满意的?

回顾复习

1. 酒店的概念是什么？分别举例说明酒店产品的三个组成部分。
2. 世界酒店业发展史上各阶段的主要特点是什么？
3. 酒店的分类情况是怎样的？
4. 阅读"知识链接"和"开阔视野"部分，谈谈对酒店业的认识。

思考练习

1. 泰勒的科学管理理论的主要观点有哪些？你能举例说明现在企业中泰勒的理论还有哪些是我们还在沿用的？
2. 马斯洛的需求层次理论、霍桑实验结论都涉及心理和行为的问题，举例说明你经历过的心理影响行为的事情。

第三章　现代酒店组织管理

学习目标

- 掌握现代酒店组织设计的原则

第二章 现代酒店组织管理

第一节 现代酒店组织设计原则和组织结构

酒店组织是酒店存在的基本保证，是酒店正常运转的重要条件，酒店组织管理是酒店管理的核心。现代酒店管理成功的标志就是酒店组织的高效率运作，科学地设置酒店管理机构，建立优化的组织系统和劳动组合，把酒店经营活动的各个环节、各个要素紧密地结合起来，是实现酒店高效率管理的必由之路。

一、酒店组织概念

组织是指为实现一定的职能，达到共同的目标而有计划、有组织建立起来的一种社会机构。它在时间上、空间上协调人们的分工、协作并进行有效的决策。它是由责、权的分配和层次结构的建立而形成的，并随着环境的变化而自行调整、适应和发展。

酒店组织是由管理人员、服务人员和其他各种技术人员所组成的有机整体。这些人员之间有着相互关联的关系，通过运用各种管理方法和操作技术、技能把投入酒店的资金、物资、信息转化为可供出售的产品，获取效益，以达到酒店经营的目标。

二、酒店组织设计原则

不管酒店组织形式上有什么不同，组织都必须服从组织目标的要求。为了保证酒店组织的有效性，应当按照现代管理的原则强调酒店组织设计的原则，不管采用什么样的组织形式，都应该遵循酒店组织设计原则。

酒店组织设计应遵循以下原则：

（一）目标统一原则

目标统一原则指的是组织中每一个部门或个人的贡献越有利于实现组织目标，组织结构就越合理、有效。

这一原则要求酒店以事为中心，因事设机构、设职位，做到事与人的高度配合。如酒店组织要和市场紧密联系起来，有利于与市场信息的沟通，有利于强化营销，就要在酒店中设置营销部、公关部，前厅设置大堂经理和预订处，餐饮部内设置营业部等，这些都是和市场相联系的组织形式。

（二）权力和责任相一致的原则

权力和责任相一致的原则指的是组织中每个职位的职权和职责越是对等一致，组织结构就越有效。

在酒店管理中，管理者的权力应由组织明确规定。各级管理者拥有权力，也应负相应的责任。酒店组织的要求是把责任明确落实到人，什么责任该谁负，谁该负什么责任都应该很清楚。

（三）统一指挥原则

统一指挥原则指的是组织中除了最高层的主管外，每一个人都只对其唯一的直接上级负责，服从他的命令和指挥，向他汇报工作。这个原理贯彻得越彻底，整个组织的指挥就越统一、越有效，指令相互矛盾的问题就越少，而个人对工作结果的责任感也会越强。

（四）有效的管理幅度和管理层次的原则

有效的管理幅度和管理层次原则指的是组织中管理幅度和管理层次越是恰当，就越能保证组织的有效运行。

管理幅度又称管理跨度，是指某一特定管理人员直接管辖下属人员的数量。管理层次是管理组织纵向系统的层级。要保证组织运行的有效性，就必须处理好管理幅度和管理层次的问题，它们是协调组织中各层次、各部门以及个人工作的一个重要方面。

酒店中各层次的管理幅度一般为 3~15 人。其中高层 3~6 人，中层 8~10 人，基层少于 15 人。酒店管理层次一般分为 3~4 层。

（五）团结一致的原则

团结一致的原则指的是酒店目标的实现要靠酒店全体员工的团结一致和万众一心。酒店正是依靠上下团结而形成的合力把组织推向目标。组织是一个系统，酒店组织要把系统中的各个部分、各种资源拧成一股力量指向目标，成为一种和谐的力量，减少阻力，消除反作用力和其他方向的力。因此，酒店内部要团结。但团结是有原则的，要以目标为准则，以正气为前提。酒店在处理不团结问题时要分清是非，坚持真理，批评错误，纠正错误，使酒店的团结成为一种风气。

（六）稳定性和适应性相结合的原则

稳定性和适应性相结合的原则指的是，越是能在组织结构的稳定性和适应性之间取得平衡，就越能保证组织的正常运行。

一般来说，组织要进行实现目标的有效活动，就要求组织结构维持一种相对平衡的状态。组织结构不宜频繁调整，应保持相对稳定。但是，由于组织以及组织赖以生存的环境在不断变化，当组织结构相对地呈现僵化状态时，就会导致组织内部效率低下，无法适应外部的变化，危及组织的生存，这时组织的调整和变革就成为不可避免的了。因此，当组织不适应外部环境时，调整和变革才会给组织重新带来活力和效率。

三、酒店组织结构

酒店组织结构指的是酒店各部分的划分，各部分在组织系统中的位置、聚集状态和各要素相互关系的形式。它犹如人的骨架，起着支撑与连接的作用，使组织内各要素充分发挥作用，有效实现组织目标。酒店组织结构一般包括层次的划分、部门的划分、职权的划分及相互间的协调等内容。

（一）层次的划分

酒店组织一般划分为四个层次：高层、中层、基层、操作层或作业层。其中，前三个层次属于管理层，主要是从事管理工作的管理系统及管理人员；操作层或作业层则主要是负责具体工作或活动执行的操作人员。

美国斯隆管理学院曾提出一种叫做"安东尼结构"的管理层次结构，其组织各层次的分工见表 3-1。

表 3-1 "安东尼结构"分工表

	高层	中层	基层
主要关心的问题	是否上马、何时上马	怎样上马	怎样干好
时间期限	3~5年	0.5~1年	周或月
视野	宽广	中等	狭窄
信息来源	外部为主，内部为辅	内部为主，外部为辅	内部
信息特征	高度综合	中等汇总	详尽
不确定因素与冒险程度	高	中	低

（二）部门的划分

划分部门的目的在于确定组织中各项任务的分配与责任的归属，以求分工合理、职责明确，有效地实现组织的目标。

1. 酒店的主管机构

所谓的主管机构是指酒店的投资者，它对酒店产权有最终决策权，并以所有者的身份监督并约束经营者的经营管理行为。主管机构在酒店中可能不存在，但酒店有主管机构的现象还是普遍存在的。

2. 酒店内部的各部门

一般情况下，根据业务内容的不同，酒店的部门可划分为前台部门和后台部门。前台部门是指直接为客人服务的部门，主要有销售部、公关部、前厅部、客房部、餐饮部、康乐部等。后台部门是指为一线部门服务，不直接和顾客接触的部门，主要有人事部、财务部、工程部、保安部、采购部、办公室等。

3. 其他机构

根据我国的相关规定，酒店还应设置党组织、工会、共青团、妇女机构组织等。

（三）职权的划分

职权是指经由一定的正式程序所赋予的某项职位的一种权力，是处于某一职位的人要求其部属为实现组织目标而做或者不做某些事的权力。组织内的职权有三种类型。

1. 直线职权

直线职权是指某职位或某部门所拥有的直接指挥权，包括发布命令及执行决策等权力。相应地，拥有这种职权的管理者称为直线主管，他们是能领导、指挥并监督其下属的管理人员，如酒店经理、主管、领班。

2. 职权职能

职权职能是指某职位或某部门所拥有的进行专业管理的权力，如酒店大堂经理有处理客人投诉等的权力。

3. 参谋职权

参谋职权是指某职位或部门所拥有的辅助性职权，包括提供咨询、建议等的权力。

（四）酒店组织结构类型

通过对组织层次、部门和职权的划分，最后可形成组织的"骨架"，即组织结构。酒店通过组织结构对系统内的各部分进行定位和组合。我国有多种经济成分和多种投资形式，酒店也有多种管理模式，那么酒店组织结构也存在多种类型。在此，仅介绍几种最主要、最基本的组织结构。

1. 直线制组织结构

直线制组织结构是按直线垂直领导的组织形式，职权是从组织的高层"流向"组织的基层，上下级的关系是直线关系。它的特点是组织中各个层次按垂直系统排列，酒店的命令和信息从酒店的最高层到最低层垂直下达或传递，各级管理人员对所属下级拥有直接领导的一切职权，组织中每一个人只能向一个直接上级报告。直线制组织结构比较适合规模小、业务较单纯的酒店（见图3-1）。

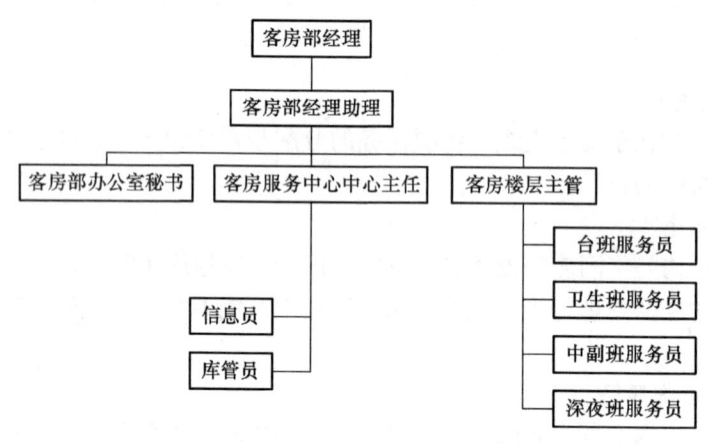

图 3-1

2. 职能制组织结构

职能制组织结构是指在总经理领导之下，各职能部门在本部门业务范围内对各部门拥有指挥和指导权的一种组织结构。它的特点是把酒店所有的部门分为两大类：一类是业务部门（也称直线部门）；另一类是职能部门。业务部门按直线的原则进行组织，实行垂直指挥，如酒店的前厅部、客房部、餐饮部、娱乐部、工程部等均属于业务部门。职能部门不直接从事接待和供应业务，而是为业务部门服务，按分工和专业化原则执行某项管理职能，如酒店的办公室、人事部、财务部、保安部均属于职能部门。实践中一般不采用这种酒店组织结构。

3. 直线职能制组织结构

直线职能制组织结构是以直线制组织结构为基础，吸取职能制组织结构中的某些优点综合而成的一种组织结构。目前，我国的酒店普遍采用这种组织结构。直线职能制组织结构是指酒店业务部门按直线的原则进行组织，实行垂直领导，管理者在自己的职责范围内有对业务的决定权，能对其所属下级实行指挥和命令而负全部责任；酒店职能部门按分工和专业化原则执行某项管理职能，其管理者只对业务部门提供建议和相关管理职能的业务指导，不能指挥和命令业务部门（见图3-2）。

4. 事业部制组织结构

事业部制组织结构是指在总公司的领导下，按地区或服务对象等设立多个事业部，各事业部内部在经营管理上拥有自主性和独立性，实行自主经营、独立核算的组织结构。

采用这种组织结构有利于发挥各事业部的积极性、主动性和创造性，提高各事业部管理的灵活性和对市场的适应性。它最突出的特点是按照"集中决策、分散经营"的原则设计

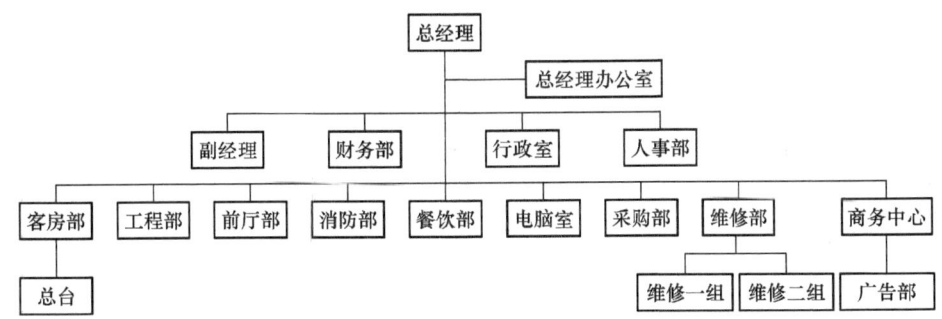

图 3-2

和建立组织结构,即有关酒店的统一方针政策的确定和控制是集权的,由公司总部负责;而在有关方针政策的运用和执行方面是分权的,由各事业部根据总部的要求独立经营,即各事业部在集权领导下进行分权管理。这种组织结构被许多规模较大的酒店、酒店管理公司和酒店管理集团采用(见图3-3)。

酒店的组织结构主要有以上四种类型。由于酒店组织的目标、性质、规模、特点等不同,组织结构的类型也是千差万别、各具特色。因此,酒店可以根据自身的情况采用其他类型的组织结构。

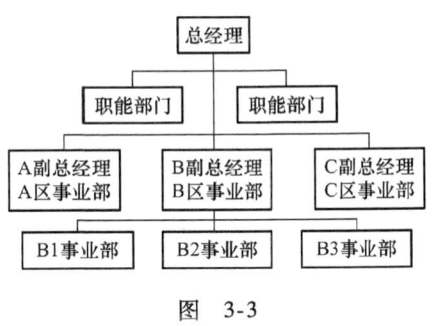

图 3-3

案例分析

某宾馆组织机构优化

一、企业背景

某宾馆涉外的别墅型园林式宾馆,曾接待过50多个国家的100多位政界要员,在国内外享有很高的声誉。全馆共有接待楼房15幢,床位1200多张,员工1200多人;宾馆占地面积26万 m^2,其中湖面面积4.6万 m^2;馆内设施豪华,优雅舒适,设有国宴厅、西餐厅、中餐厅、温泉游泳馆、国际标准网球场等娱乐设施等,其中最大的宴会厅可容纳千人,是某省最大的宴会厅。

目前该宾馆正从传统的国宾馆向以市场为导向的商业化宾馆转型。宾馆面临着战略的调整、运营模式的改变、企业价值的重新定位等问题,建立现代企业制度,健全内部管理体系对宾馆来说尤为重要。与其他的大部分转型期的企业一样,宾馆在组织管理、岗位管理、绩效管理和薪酬管理等方面存在许多有待变革与完善的地方。为了准确界定本次该宾馆改革的核心问题,首先从组织机构梳理优化入手,厘清宾馆目前人力资源管理的现状,了解宾馆面临的挑战和有待完善之处,同时提出相应的解决思路和策略,为宾馆的改革深化逐步开展寻求可行之道。

二、调研诊断分析

(一)组织管理初步调研

调研采取了问卷调查、资料分析和访谈三种方式。共发放300份问卷,回收278份,其中有效问卷270份，取样比例达到21%。共组织访谈48场次，对42位中高层管理人员进行一对一访谈，组织各6场次的小组会谈，主要针对基层管理人员和一线员工。通过初步调研，对该宾馆存在的组织管理核心问题总结如下：

1. 组织管理基础薄弱，组织管理不规范，组织管理制度不健全

缺少基本的组织机构图和各部门岗位设置图，组织机构的设置无明确的制度进行规范，机构的变更和增减也没有具体的办法来规范。

2. 机构设置臃肿，部门设置过多，未体现组织设计的效率原则

餐饮三个部门、客房两个部门、动力维修一个部门两套班子，职能相似却分别管理，不利于管理的规范统一，不利于资源的整合和有效利用，增加了管理成本却降低了管理效率。

3. 管理机构庞大，管理职务繁多，管理层次过多

领班以上职务管理人员和员工的比例大概为1∶6，而劳动密集型企业一般为1∶10～1∶15，明显管理人员过多。

4. 机构设置不够完善，现代酒店管理的部门核心职能缺失

1）酒店管理职能：酒店管理职能没有明确的归口管理部门，酒店的管理体系设计、管理制度建设、管理制度监督、酒店的经营目标管理、酒店战略规划职能缺失。

2）企划和品牌建设职能：酒店的品牌建设尚未起步，酒店的对外宣传和市场推广方法和渠道单一。

3）文件管控：文件制度没有统一规范化管理，如制度的颁布、制订流程等，没有很明确的归口管理部门。

4）人力资源管理：人力资源管理还处于人事管理阶段，仅实现工资核算、培训、招聘的基本职能，人力资源规划、职业生涯规范、人才储备机制、绩效管理等人力资源管理模块缺乏。

5）其他缺位的职能：企业文化、质量管理体系、采购和供应商管理等。

5. 其他组织管理乱象

1）部门职能界定不明确，存在较多职能交叉、错位现象。

2）岗位设置、岗位职责不明确。

3）因人设岗现象普遍。

4）家长式管理模式，越级管理现象严重。

（二）深度诊断

初步调研对该国宾馆的管理现状有了表象认识，同时顾问组也在调研中隐约发现一些存在于组织管理问题之外的深层次问题，因此顾问组决定在进行初步的组织机构梳理和设计之后再进行一轮深度的调研。深度调研，借以初步组织机构设计方案的研讨为契机，深入每个部门与管理者和一线职工进行面对面、针对性极强的研讨和交流，深入地挖掘出某宾馆更深层次存在的问题。

经过5个工作日，50h以上与相关宾馆管理者、职工深入交换意见，并就收集的反馈意见在项目组内部进行了探讨，顾问组从中立的第三方角度向宾馆最高管理层反馈深度调研的信息，为宾馆高层管理者进行组织机构调整决策提供参考。

在此轮深度调研过程中，顾问组更加深刻体会到宾馆改制（改革）的难度，也坚定了宾馆必须且尽快进行改制（改革）的观点。当然，此轮深度调研收集到了一些宾馆管理层

非常中肯和值得借鉴的意见,更让顾问组发现了宾馆深层次暴露出来的问题,主要体现在以下四个方面:

1. **以现有人员的能力水平来认识组织机构调整**

1)项目顾问组与管理层在进行组织机构设计时,思考的背景和条件不同。项目顾问组在进行组织机构设计时,考虑的背景是:岗位的任职者应该是基本胜任岗位要求的,应该是甄选出来的有一定能力的任职者,即可以是内部人才中的精英,也可以是通过外部招聘引进的优秀管理人才。

而现有管理层多数以现有人员的能力和水平来判断人数设置是不是合理,特别是管理人员。现实的问题是现有多数的管理者其实都是技能性人才而在管理观念、管理系统思路、管理方法都与现代酒店管理要求存在较大差距。

2)管理错位、管理定位不清造成管理混乱。在进行交流的时候,有位管理者说了这么一句话"对现在的这些员工(正式员工)来说,目前的收入太高了,他们的付出根本配不上现在得到的回报",这句话让顾问组感触很深。其中揭示两个问题:一是有些员工甚至管理者根本不尽职尽责,甚至是混时间,等工作、等任务的现象严重;二是还有不少管理者定位不清,不明白自己应该管哪些事情,不应该管哪些事情。宾馆普遍存在总监总助理做经理的事,经理做副经理的事,副经理做主管的事,主管做领班的事,甚至经理、副经理去做领班、员工的事。这说明什么问题?职责不清、管理者定位不清、管理者职权不明,不知道如何让下属去正确开展工作,造成管理者不像管理者,被管理者不能够胜任的结果。

2. **用传统的惯性思维来判断面临的新事物**

1)讲究所谓的分工明确,而不讲究管理的效率和效益。如剥离采购、仓库、员工餐厅的后勤部和保卫部并将其合并,讲究的是管理的效率。与采购、仓库和员工餐厅剥离后的后勤部工作量大减,只剩下员工宿舍和物业管理等几小部分工作,而这些工作其实和保安工作是紧密结合的,两部门合并更有利于管理效率提升。保卫部工作是重要,但是和后勤部合并后也不会不显得保卫部不重要。保卫部工作量在有接待任务事是很重要,但是其实在重要接待任务时更多是支持和配合作用,而在没有接待任务的平时,工作量并不大,承担某些后勤工作不会影响保卫工作。同样,绿化和洗涤都是很简单的业务(20世纪90年代宾馆清洁才有3个人的编制,一样把宾馆的卫生做得不错;而洗涤部原来就是后勤部下面的一个主管管理),虽然说以前没有过这样的分工先例,但没有先例就不可行?顾问组并不这么认为。其他的一些机构设置也存在同样问题。

2)讲究的是人海战术而不顾效益和成本。在改制前宾馆主要工作是政治接待任务,为此宾馆可以不惜成本的来完成任务。这是一个优秀传统,但现在已经成为影响宾馆经营的重要因素。已经习惯了以政治接待的标准来接待任何来宾,这里无形中就大大增加了宾馆成本的投入。台班人员的设置就是原有习惯延续的典型。同样,在餐饮部也有这样情况,采取增加服务人员的人海战术来提高服务质量。

3. **不正确的管理观念**

1)讲究的是各自为战而不是团队合作。现有宾馆内部人员调配问题已经非常突出,餐饮部工作忙时,要调动其他部门人员非常困难,甚至出现宾馆内部有赋闲人员,却要去外部院校出资借人的情况。各部门人员在持续地增加,但还一直在抱怨人手不足。各部门在进行人员编制时,都按部门最大工作量来要求,根本不考虑部门间人员内部调配因素。

2）讲究的是本位主义，看重个人或局部利益，而不是整体和全局利益。宾馆现有工作效率低下，但是各部门还是不断要求增加员工、增加管理人员，不考虑宾馆的整体效益，不去思考如何提高工作效率、不去思考如何激发员工的积极性，这不但反映出管理者管理水平的问题，更反映出管理者的观念问题。

4. 管理者对这次改革工作的系统性思考不足

一般酒店改革中，组织机构设计、岗位说明书、薪酬管理体系和绩效管理体系是作为一个系统来设计的，因此组织机构设计顾问组会综合考虑薪酬管理体系和绩效管理体系对组织机构的影响。

薪酬和绩效管理体系的推行将重建宾馆的激励体系，必将激发员工的积极性；其次，本次改革必然能够让一些优秀的人才凸显出来，必然让一些优秀的管理者得到提升和发展，因此能大大提高企业的经营管理效率；改革之后酒店有条件也有资本去社会上引进一些优秀的专业和管理人才。在这些背景和条件之下，完全可以大大精简组织机构设置，大大精简管理人员的设置。但宾馆管理层目前却无法从发展的角度出发来看待本次的组织机构变革。

三、方案设计总体目标和变革应对策略

在初步诊断和深度调研的基础上，顾问组和项目组研讨确定了本次组织机构的基本目标：

1）提升以客户为导向的企业运营能力。
2）搭建高效运行的组织管理体系。
3）建立严密、完善的内控体系。
4）关注改革的平稳过渡。

在此基础上，顾问组和项目组还深入研讨了组织机构优化成果如何让管理层接受并实施的一些保障应对措施：

1）在组织机构优化方案提交之前，组织一次管理变革的理念培训，培训主题应该涉及现代管理理念、变革的内容、带来的效果。
2）在进行组织机构优化方案提交同时应对汇报对象进行1小时以上的组织机构设计基本知识的培训。
3）在组织机构优化方案出台后，应该组织各部门进行深入研讨并确认组织机构方案。
4）各部门员工和管理者必须亲自参与到岗位说明书编制过程中，在顾问组的培训和指导下完成岗位说明书的编写和审定。

通过各部门管理者和员工的亲自参与，让本次改革深入基层、深入每个宾馆职工的思想中，以此确保本次改革成功。

四、方案设计

（一）组织机构梳理和优化调整整体思路

1）适当减少管理层次，增加管理幅度，向"组织结构扁平化"方向发展

宾馆现有管理人员过多，根据一般宾馆管理人员管理幅度规律，对公司的高层管理人员、部门副经理、主管和领班岗位都进行了大量的缩编。非一线部门不设部门副经理职位，一线部门内不设两个以上的副经理，非一线职能部门管理层次控制在三层。

2）减少部门设置，适当合并职能单一的部门，强化决策部门的管理职能

在酒店企业中，营销部门、财务部门、人力资源部门和总经理办公室是酒店的决策部

门,决策部门的管理职能强弱很大程度上影响或决定了酒店管理水平的高低。就宾馆现有管理水平来说,必须从强化决策部门管理职能入手,来带动整个宾馆管理水平的提升。

宾馆现有部门设置过于臃肿,很多部门职能单一、管理简单,完全达不到设置一个独立部门的标准,因此将部门合并重组,或降低部门级别。

3) 对岗位设置适度控制,不进行过度分工,避免分工过细可能造成的人员配置增加。同时,强化多能工设置,以利于人员的调配,让组织设计能够适应宾馆多变的经营情况。

4) 综合考虑宾馆的入住率和订餐情况,以及宾馆政务接待的特殊性,适当控制一线人员的配置比率。

5) 组织调整大体状况

餐饮和客房部门归口管理,减少管理层级,由一个副总经理统一管理,有利于人员的调配,也有利于减少沟通协调环节,为客户提供全方面更快捷的服务。某省由于主要政务接待的特殊性,和地理位置的因素,设一总监负责某省的日常经营。

对相关后勤部门进行合并,园林部和洗涤部合并,保卫部和后勤部合并,康乐中心弱化。园林部和洗涤部业务模式单一,工作程序简单,管理要求不高,为精简机构建议合并。后勤部的仓库、采购职能、员工餐厅职能剥离后职能弱化,因此和保卫部合并。

总经理办公室兼党委办公室和工会职能,撤销质检部,将其职能归入总经理办公室。

不设总经理助理,保留总监职位。

党委副书记和工会主席建议设兼职,或者由党委副书记和工会主席兼某总监职务。

具有关资料显示:在香港,某个相当于内地四星级水平的酒店中,员工对领班级(含)以上管理人员比例是16:1;内地的三星级以上酒店普遍的是4:1左右;较好的是8:1;较差的只有2:1。资料显示里兹-卡尔顿酒店(集团)曾经从15:1改进到了50:1,从中看出酒店的差距很大。但经过组织机构的优化和调整,宾馆现有的管理人员从原来的210名左右减少至127名,员工和管理人员比例从5:1提升到8.7:1。员工从原有总数1273人减少为1053人,降低比例为17.3%。

该国宾馆现有组织机构图如图3-4所示。

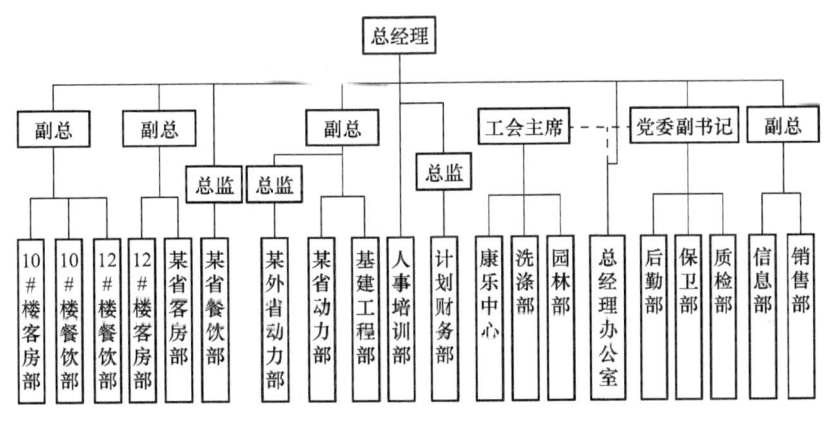

图 3-4

建议调整后的宾馆组织机构图如图3-5所示。

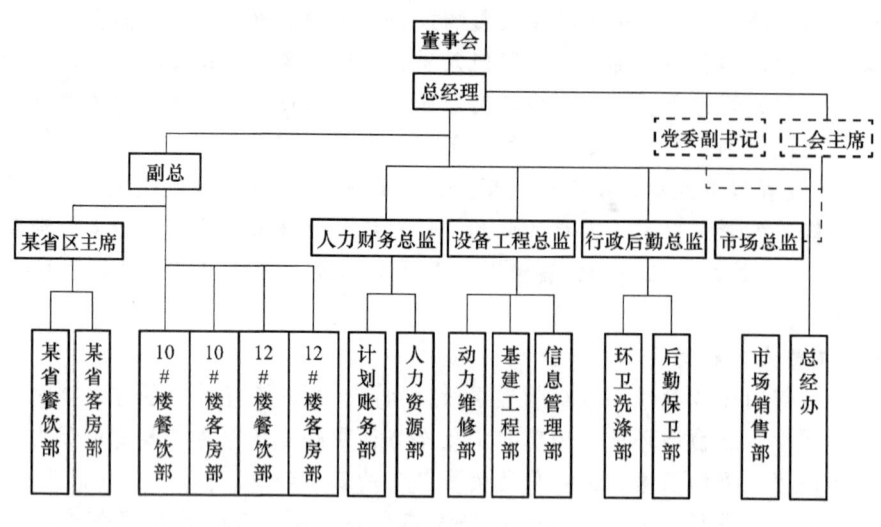

图 3-5

(二) 部门职能说明书和岗位说明书编制

在全员参与的情况下,前后用近两个月时间完成了 16 个部门职能和近 300 个岗位的岗位说明书编制审定,并汇编成为《某宾馆组织管理手册》。本次岗位说明书编制特点在于"全员参与",让所有管理者和员工参与到组织的规划和设计过程中,让管理者更明确管理者的定位,让一线职工更明确自己的工作内容,为第二期的咨询项目成果奠定了非常好的基础。

五、项目总结

完成了某宾馆的组织机构设计和岗位说明书编制,就意味着某宾馆咨询项目一期合作的结束。一期项目获得了该宾馆管理层的普遍认同,很快就与公司进行了二期项目的洽谈并达成合作协议。虽然二期项目即将开展,顾问组还是本着对项目成果负责任的态度,对一期项目中的不足点进行了深刻的总结和分析,希望通过二期项目的推动,能对一期项目成果进一步完善和巩固。

项目方案提交宾馆领导小组审议通过后,顾问组再次与宾馆各部门管理者进行了交流。多数部门管理者对本次机构优化项目成果给予了高度肯定,但是,部分管理者还持有保守态度,部分管理者还无法适应机构调整带来的种种变化,从观念上无法完全接受机构调整精简带来的经营管理压力,认为部分岗位需要增补一定编制。经顾问组总结、分析,认为主要存在以下几个方面因素:

1) 认为在现有管理模式下,岗位设置基本上无法作更大的变化和调整。例如,客房部明显人员配置偏多,每个清洁员安排清理 8~9 个房间基本可以接受,但是配置十多位的值台人员就明显比其他酒店多,这样值台和清洁员合并计算,分担的房间就是每个人只能负责 5~6 个房间,比其他酒店效率低很多。如果宾馆无法改变值台的服务方式,撤销或减少值台人员,宾馆的人员配比就一定会比其他酒店高。同样,餐饮部一直在提工作量大,每次宴会都要翻台,翻台的工作量太大,服务员都当作搬运工了。如果宾馆不能拒绝一些客户翻台的要求,这个额外的工作量必然造成人工成本的大大增加。

2) 现有的部门不合并,岗位设置也难以减少。部门越多,部门的管理岗位肯定增加,部门越多分工越细,人员配置也必然增加。动力部就是很典型的案例。顾问组在和动力部访谈时了解到,从单个部门来说,每个部门人员都配置得基本合理。但是经分析,若两个动力部合并,至少可以减少20个人,而且能保证工作正常开展。

3)现有流程不调整,岗位设置也难以精简。以刻字室为例,在交流时就提出刻字室刻出字后由服务员去挂,但是部门领导就认为这是一直以来这么做的,不能改变。从理论上分析,让服务员去分担一些挂条幅,收条幅这些不是很专业工作,完全可以实现,这样不仅可以提高效率而且可以大量的精简刻字员。又例如,为了实现康乐中心所谓的效益,各部门的水果,防暑降温物品,甚至部分办公用品都要由康乐中心去过一下账(出入库),这实际是在没有增加宾馆收入的情况下,让流程更加复杂、混乱,既降低了工作效率,又增加不少人工成本。

4)现有的宾馆管理系统未充分利用,宾馆的收费漏洞就难以控制,结算效率就无法提高,人员配置就无法精简,而客户满意度也会受到影响。现有的宾馆管理系统的现金结算这部分功能基本只是作为参考,结算还是以手工凭证的方式进行,导致严重影响结账效率,提高了前台收银工作量,也增加了客户的抱怨。并且,现金结账漏洞无法避免,每次结账需要打电话和各收费点确认,还经常因为个人的疏忽造成账单漏报,而无法收回账款。

5)现有宾馆管理人员都是长期封闭在宾馆内部,没有出去交流学习,没有一种新的思维,新的视角来看待宾馆的现状,受宾馆的固有模式的影响根深蒂固,根本无法跳出现有模式、现有流程、现有习惯、现有思维来看待宾馆的管理问题。

6)还有一点就是观念问题,严重的本位主义观念无法打破,出发点根本不是从宾馆全局来考虑,考虑的是部门利益甚至个人利益。

组织机构优化是件很复杂的工作,其涉及宾馆的发展战略、经营模式、管理流程人员素质和信息系统等方方面面。组织机构调整的效果则与宾馆的相关政策和措施的出台及执行紧密相关。例如,年初宾馆已经发文要求两个动力部合并,但是一直到当年9月份还没有事实合并,其内在原因是部门合并涉及人员调整,岗位调整,而这些人员怎么调又是有相当难度的。

第二节 现代酒店组织管理体制

酒店是一个正式组织,正式组织的特点之一就是有明文规定的规章制度。要实现组织目标,就要有组织地统一意志,有组织地统一行动,而组织的统一则由规章制度予以制约。酒店组织管理体制就是在国家、地方、主管部门和行业针对酒店经营活动制定的法规政策的指导下,酒店自身制定的一系列规章制度。

一、经济责任制

简单说,酒店的经济责任制就是在确定了组织目标后,把组织目标以指标的形式进行分解,层层落实到部门、班组、个人,并按照责、权、利相一致的原则,实行收益与效益挂钩的一种管理制度。经济责任制的核心是责、权、利一致,这种一致是以制度或内部合同的形式予以确定的。

酒店经济责任制的主要内容有:通过决策制订计划,确定组织目标,分解计划指标并把它落实到各部门及班组,从而提出各部门及班组的经济责任制;为保证完成经济责任,酒店要给部门及班组授权并创造必要的条件,提出完不成、完成、超额完成计划指标的经济利益分配方法，即收益与效益挂钩；对完成经济责任制的考核，要提出考核时间、考核项目、考核方法，根据考核的实绩兑现分配，从酒店到个人层层落实经济责任制的分配方案。

酒店经济责任制具体落实到不同的管理层的活动当中，分别体现为：酒店经济责任制；业务部门经济责任制；职能部门经济责任制；班组经济责任制。经济责任制是一项很细微的工作，从制订计划、分解指标到考核业绩、落实分配都有很细微的工作要做。同时，经济责任制又是一项政策性很强的工作，旨在调动全体员工的积极性，但如果处理不当，又会挫伤员工的工作积极性。因此，在制定经济责任制时，一定要十分谨慎，要经过反复讨论，成熟后才可出台方案。经济责任制每年要重新制定，在实施的过程中根据情况变化还要做修订。

二、岗位责任制

岗位责任制是以岗位为单位，具体规定了每个岗位及岗位人员的职责、工作内容、作业标准、权限、工作量等的责任制度。岗位责任制是酒店各项规章制度的核心制度，它强调岗位、个人、责任三者的统一。它涉及每一位员工，使每位员工都明白自己所在的岗位要完成哪些工作以及做好本职工作的标准。

酒店岗位责任制的内容主要有岗位名称、上下级隶属关系、职责、工作范围、权限、任职资格等。

三、员工手册

员工手册是酒店的"基本法"，它规定了酒店每一名员工应遵守的纪律与行为准则，以及相应的权利和可以享受的待遇。每一家酒店的员工手册的内容都有自己的特点。一般来说，员工手册的制定有三方面的依据：第一，我国政府有关的人事劳动法规，如我国劳动法中规定，劳动者每周工作5天，每天工作8小时，员工手册中规定的工作时间不能超越这一界限；第二，酒店工作的特点，如作为酒店工作对象的顾客在一天24小时的任何时刻都有可能来到酒店，因此，酒店是每天24小时、每周7天、每年365天工作的行业，这就要求员工接受不规则的工作时间，由主管来安排早班、中班或晚班，某一天可连续工作16小时，但一周工作时间不超过40小时；第三，国际酒店业的惯例，如提供服务、享受免费的工作餐等。

员工手册的内容应该包括员工在酒店工作中的一系列权利、义务与沟通方式的规定。员工通过学习员工手册，可以明确自己在服务过程中该做什么，不该做什么，这也是酒店管理的重要内容。下面对酒店员工手册的主要内容作简要介绍。

（一）序言

这一部分要说明的主要内容有：欢迎新员工，介绍酒店基本情况与要求，说明员工手册在酒店经营管理活动中的重要性与必要性，并要求员工经常查阅这一手册，遵守这一手册中的规定，说明如发生疑问可以直接向人事部门询问。

（二）组织结构

这一部分说明酒店各个部门的划分及其联系。在酒店员工手册中通常可以看到酒店的组织结构图，但往往没有做必要的说明。这对于大多数未受过正规培训或缺乏经验的员工来说，清楚理解图上每一个部门的作用和相互关系是比较困难的。因此，酒店不仅应该有组织结构图和必要的说明，还应该对主要业务部门以及主要负责人作简单介绍，如有必要，还可以对酒店各类服务设施、服务特色以及酒店的发展历史予以阐述，这样既能提高员工对酒店的荣誉感，又便于员工向顾客介绍与推销酒店的各项服务。

（三）聘用条件

这一部分主要介绍劳动条例与职工福利。其内容主要包括两个方面：一是对员工工作时间、加班及其报酬的规定，以及对员工招聘、录用、培训、辞退、除名等问题的说明；二是有关员工医疗费用、病事假制定以及膳食、津贴与假期的规定与说明。

（四）规章制度

这一部分主要介绍员工被酒店录用后应该在日常工作中遵守的行为准则。这部分内容叙述得越详细越好，员工对自己在酒店的工作行为就能有章可循。

（五）奖惩条例

如何通过奖惩使员工保持积极的工作热情与良好的行为规范，这是酒店奖惩条例要解决的问题。奖励的方法至少要有两种：其一是优秀员工的评选，如有的酒店每月评选一次优秀员工，每年评选一次全店优秀员工；其二是每年年底对员工的业绩进行一次全面考核，以此为依据决定员工是否继续聘用以及如何增加工资等。处罚的内容包括处罚员工的目的、处罚的种类以及员工对酒店处罚进行申诉的办法等。

（六）员工手册的解释与修订

酒店员工手册应该说明员工手册的解释权属于酒店，并保留对员工手册进行修订的权力。员工手册要依据政府法规、酒店特点和国际惯例经常进行修订。

四、工作制度

工作制度一般指前台部门的服务规范、程序和后台部门的操作规范。总台接待员的接待程序与规范、楼层客房服务员打扫客房的程序与规范、餐厅引座员引座的程序与规范等均属前者，而财务制度、仓库领货制度、培训制度等则属于后者。工作制度的制订须以国家星级酒店评定标准和其他有关标准为依据，各酒店制订的工作制度不可低于国家有关标准的规定。

回顾复习

1. 泰勒的科学管理理论的主要观点有哪些？你能举例说明现在企业中泰勒的理论还有哪些是我们还在沿用的？

2. 马斯洛的需求层次理论、霍桑试验结论都涉及心理和行为的问题，举例说明你经历过的心理影响行为的事情。

思考练习

详细论述现代酒店组织设计的原则。

第四章 现代酒店主要业务部门管理

学习目标

● 掌握前厅部的工作程序；掌握处理顾客投诉的方法；掌握客房部的工作程序；掌握餐饮部管理的基本方法。

● 理解前厅部、客房部、餐饮部的岗位设置和组织结构。

● 了解三大营业部门在酒店中的地位和作用。

第四章 现代酒店主要业务部门管理

第一节 前厅部管理

前厅部位于酒店门厅处，通常由总服务台、预订处、大堂、行李处和总机组成，也称为前台部或客务部。酒店前厅部是酒店形象的窗口，顾客住店的第一感觉及离店时的最后印象都留在前厅部。前厅部工作效率、服务质量和管理水平的高低，会直接影响酒店的整体形象和市场竞争力，前厅部的每一项任务，如果有丝毫不规范，都会导致客人情绪的波动，影响酒店整体形象和经济效益。因此，前厅部是酒店组织结构中的关键部门，其服务地位是十分重要的。

一、前厅部的地位、作用与任务

（一）前厅部的地位

1. 前厅部是酒店的门面

前厅部是顾客抵店、离店的必经之处，是与顾客沟通联系的主要场所，可以说是酒店的门面。因此，前厅部的环境必须优雅、舒适、新颖、别致，这样才能让顾客确立良好的第一印象。前厅部的工作人员必须具备精神焕发、举止大方、仪表整洁、彬彬有礼的气质，必须具备主动、热情、耐心、细致、高效的服务水准，这样才能给顾客一种宾至如归的感觉，这样才能与前厅部的环境相适应。

2. 前厅部是酒店的中枢神经

前厅部是与顾客联系的纽带，是协调酒店各部门关系，完美地开展各项服务的关键。前厅部工作的好坏，管理水平的高低，直接关系到一个酒店的经济效益，它是酒店接待服务过程中承上启下，联系内外，疏通左右的神经中枢。

3. 前厅部是酒店的信息中心

在酒店的经营活动中，前厅部是各种信息最集中的地方，是信息中心。它通过客房预订，直接与顾客、公司、旅行社等接触，通过接待、问询等服务，与顾客面对面沟通，通过有效的顾客关系工作为顾客排忧解难。可以说，前厅部的每一位员工，都是一个信息的触角，他们把顾客的每一点感受和建议，都毫无疏漏地反馈给有关部门，以便作为酒店制定政策、调整计划、修改计划、改善经营和提高服务质量的参考依据。

4. 前厅部是酒店管理机构的代表

在顾客心目中，前厅部是酒店管理机构的代表，这是因为该部是与顾客接触最频繁的地方，是与顾客沟通和接触的桥梁。顾客入住登记，结账离店，遇到困难寻求帮助，因不满而投诉，有留言、问询、遗失物品报失等都会来找前厅部。因此，在顾客的角度看，前厅部是酒店的代表。

（二）前厅部的作用与任务

1. 销售酒店的主要产品——客房

客房是酒店的基本设施、主要产品，酒店经营收入的主要来源之一。前厅部通过预售、即时订房使酒店各部门预先做好客房安排及接待安排，有利于酒店业务的运行和管理。前厅部需要根据有关方面提供和自己掌握的客源信息和用房要求，保障各部门按预定信息有序高效地安排各自的服务工作。即时售房是预定的一种补充，可以拓宽客源，增加收入。

2. 联络和协调对顾客的服务工作

通过与顾客或客源单位的接触和联络，将掌握的顾客的需求、投诉及以接待单位的要求，传递给有关部门，并将处理意见反馈给顾客。因此前厅部的服务工作涉及各个部门。既要直接为顾客服务，又要协调和调度整个酒店的业务经营活动，是酒店与顾客沟通的桥梁。

3. 提供房间状态报告

酒店销售的客房是一种不可储存和转让的"特殊商品"，它的价值体现在特定的时间和空间内。换句话说，一间客房今天没有卖出，那么它在今天的使用价值就失去了，而且是永远地失去了，无法追回。因此，前厅部在客房销售过程中，特别是在客房销售高峰时期，要定时提供准确的状况报告给相关部门参考。客房部根据报告合理安排、调度人力，加快清洁房间速度，最大程度地提供合格客房以供销售；餐饮部根据报告，了解住店顾客数量，合理安排餐饮服务人手和准备餐饮原料，以满足顾客的饮食需求等，共同致力于把所有客房销售出去。

4. 提供各类前厅服务

前厅部是酒店对顾客服务的焦点部门，除了为顾客提供入住、离店、房间安排、入住登记等必要服务之外，还为顾客提供几乎无所不包的服务内容。总之，顾客住店期间提出的一切合理要求，前厅部都应该通过自身努力在各部门配合下想方设法予以满足。

5. 建立和处理客人账目

前厅部负责住店顾客的账目处理，接受和处理各营业部门转来的客账资料，及时记录顾客住店期间的各项消费，保持最准确的客账账目，并以其高效准确的结账服务赢得客人的信赖，使顾客离店前留下美好的印象，同时又使酒店的经济效益得到保障。

6. 建立客史档案

在酒店的客源成分中，回头客与常客是最受欢迎的组成部分，它在整个客源中所占比例的高低，一定程度上象征着酒店经营管理的成败。为把握这一重要的客源成分及对酒店客源体系作综合分析，前厅部必须建立尽可能全面的客史档案。包括记录顾客的基本情况、顾客对酒店产品的需求情况及反馈意见，同时把市场调研和预测，客户预定和接待情况收存归档，进行分析，形成以前厅为中心的收集、处理、传递及储存信息的系统。定期通过掌握的顾客信息，提供高效服务，方便客人；通过分析和处理客源信息，提出符合实际的营销建议，为决策者制定房价政策和营销计划提供依据。

前厅部以接待住、离店顾客为中心，为顾客提供预定、接待、问询、搬运行李和各种应接服务，使顾客留下深刻的"第一印象"和"最后印象"，提高设施使用率，树立酒店形象，提高酒店声誉。

二、前厅部的组织机构和工作职责

（一）前厅部的组织机构设置

前厅部组织机构的设置应结合酒店性质、规模、地理位置、管理方式和经营特色等实际情况，不宜生搬硬套。酒店规模大小不同，前厅部的组织机构可以有很大的区别，主要表现在以下几个方面：

大型酒店管理层次多，而小型酒店管理层次少。大型酒店设前厅经理、主管、领班、服务员四个层次。

大型酒店组织机构内容多，而小型酒店内容少。如许多大型酒店前厅部设有商务中心、车队等，而小型酒店没有。

大型酒店前厅部很多职能分别由不同岗位负责，而小型酒店可能将一些职能合并以减少岗位设置。

大多数大型酒店前厅部与客房部是两个独立的部门，而在小型酒店则是两个部门合二为一，目的是减少管理费用（见图4-1～图4-3）。

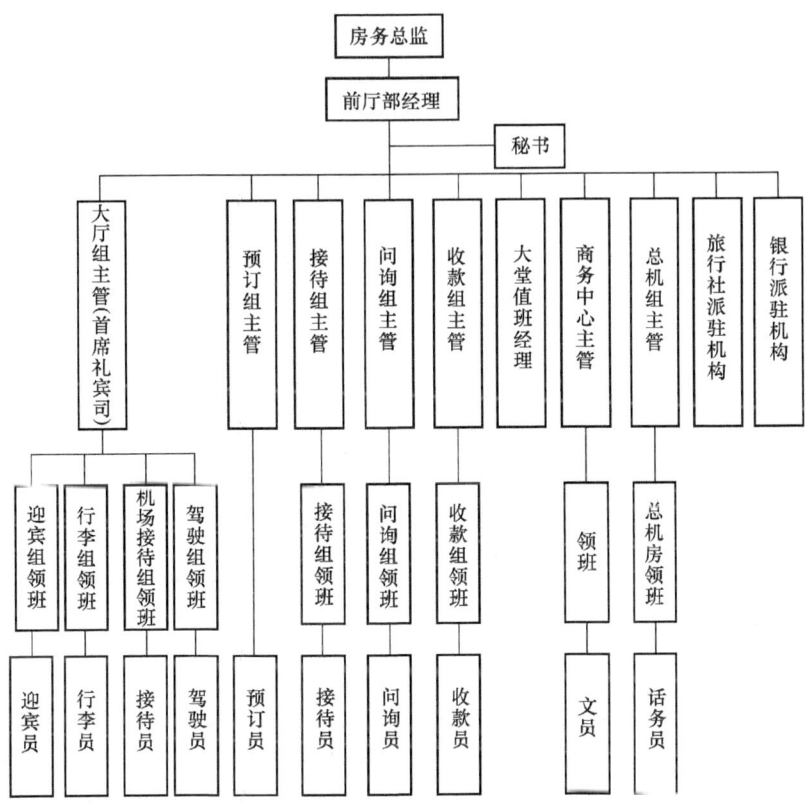

图4-1　大型酒店前厅部组织机构图

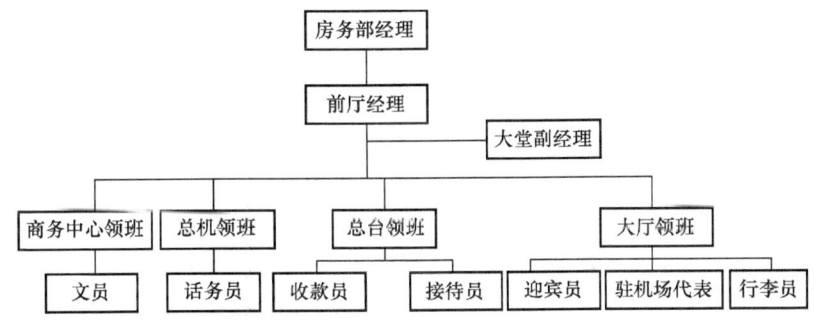

图4-2　中型酒店前厅部组织机构图

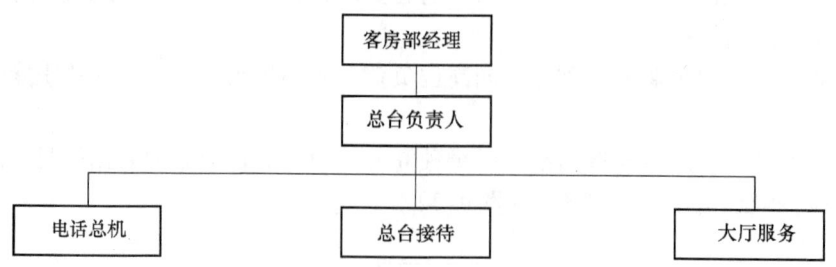

图 4-3　小型酒店前厅部组织机构图

（二）前厅部各部门工作职责（见表 4-1）

表 4-1　前厅部各部门工作职责

部门	职责
礼宾部、行李部	迎接和行李服务及代办服务
客房预订部	各种预订服务
总台	接待散客和团体客人，办理住（离）店手续
问询留言	各种咨询的解答及代客留言
总机	转接电话、叫醒服务及电话留言
前厅商务中心	传真、打字复印、网络、会议服务
前台收银	收银、贵重物品保管
前厅保安部	前厅出入安全和事故处理

三、前厅部工作流程

前厅部为顾客服务的全部过程，即顾客抵店前准备工作阶段、顾客抵店接待服务工作阶段、顾客住店期间服务阶段、顾客离店服务阶段和顾客离店后服务阶段等五个阶段，由此构成相互衔接的服务流程。此过程是由客房预订、接待、行李服务等一系列的详细内容构成（见图 4-4）。

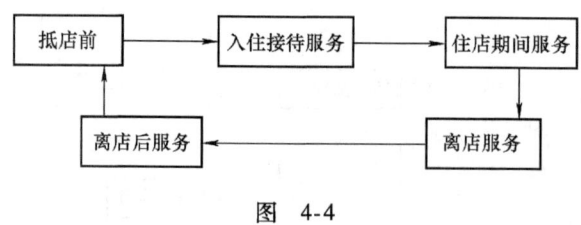

图　4-4

1. 抵店前服务

（1）客房预订　前厅部客房预订的工作流程主要包括：受理预订、核定预订、更改预订、取消预订、婉拒预订、团队预订、受理特殊预订、散客订房特殊要求、预订表制作等。

（2）接待准备　根据顾客预订资料中关于抵离店日期、特殊要求等有关内容，预订部要适时做出安排车辆和机场代表或行李员去机场、车站接客，以及事先排房、准备礼品、提前通知相关部门或店领导等各项工作，使准备工作周到、细致，并为下阶段的服务奠定良好的开端。

2. 入住接待服务

（1）团队接待服务程序　团队登记入住的准备工作、团队入住登记程序、按照团队要求提前分好房间、将"宴会通知单"提前分到客房（或楼层）以及前厅收银组等有关部门，使他们分别做好迎接顾客的准备工作。

根据顾客分房情况，在团队到达前，准备好房间钥匙，填写的房卡，分别装入钥匙袋内，在"钥匙袋"上填写好团队名称和房号。

团队到达时，接待员电话通知客房部或有关楼层。

若顾客持有团队签证，由领队统一办理住宿登记并签名；若无团队签证，请顾客填写住宿登记表。接待与领队同时确认房间数、人数。

如果房间分配有变动，应马上在分房表上做出修改。

接待员应告知顾客用餐地点，并询问次日叫醒时间和早餐时间。

请陪同或领队提示顾客可将贵重物品寄存在前厅保险箱内。

手续办完后，可通知行李员迅速引导顾客入房。

接待员将最新的分房表，团队签证复印件送前厅收银组、行李部、房务部等相关部门。

在"顾客到达单"上注明该团已抵达。

将团队顾客名单、房号输入电脑，开通房内电话线路。

将新入住的团队住宿登记单和《订房委托书》放入指定地方。

（2）散客开房程序　当行李员（或顾客自己）将顾客引至总服务台时，接待员应面带笑容向前来登记住宿的顾客致意问候，对顾客的光临表示欢迎。

有礼貌地询问顾客有无预订。

请顾客填写住宿登记单（中外顾客按不同表哥填写），并请顾客出示有效证件。

向顾客确认所需房间种类、房价、离店日期和付款方式。

根据顾客的要求排房。

提示顾客若有贵重物品，可以寄存在前台保险箱内。

仔细查看住房单上有无填写错误的地方，若无误的话请顾客签字。

将顾客的房卡交给行李员，并重述房号。

电话通知客房服务中心，告知××房住客。

将登记单输入电脑并开通电话线路。

3. 住店期间服务

顾客住店期间，其身份、目的、居留期限、健康状况、业务往来、人际关系、支付能力、心理状态、喜好追求千差万别，酒店本身"硬件"的设施设备和"软件"的服务质量及管理水平，以及社会经济、政治等因素，都会对酒店经营产生种种意想不到的影响或冲击。因此，做好顾客住店期间的各项服务工作，不断满足顾客的个性需求，其重要意义显得尤其重要和突出，是为顾客服务全过程中的"重中之重"。具体服务内容包括：问询留言、报刊信件、电话商务、委托代办、提前离店、延期续租、累计客账。

4. 离店服务

（1）离店结账　顾客在办理离店手续时，总台结账员按客户设定付款方式、预存款额等情况，经核实后打印账单，并请顾客过目查看，确认无误后再予以收款。

（2）征求意见　前厅服务人员在顾客即将离店之时，主动、诚恳地征求顾客的意见，并请顾客对服务的疏忽之处予以谅解，同时感谢顾客光临酒店。这是进行二次销售、培养"忠诚顾客"，即回头客的机会。

（3）送客离店　根据顾客离店时间和去处，主动征求顾客意见，及时安排行李员，优先照顾老、弱、病、残顾客及妇女和儿童，以及身份高的重要顾客。最后祝愿顾客旅途愉快，并欢迎再次光临。

5. 离店后服务

（1）客史建档　使用电脑管理的酒店只需在顾客入住时将身份等资料保留，随时输入新的内容予以补充完善即可。客史档案利用得如何，可以反映出酒店对客源市场和顾客需求的重视程度。

（2）未尽事项的处理　顾客离店时经常让前台服务人员在其离店后办理委托事项，例如，找寻离店时遗忘的个人物品等。前台服务人员应按酒店委托代办服务规程要求以及相关规定，尽快、妥善地予以处理，不使顾客留下遗憾，为酒店赢得声誉。

（3）处理顾客投诉的程序　在酒店中由于面对的顾客情况复杂，每个人的习惯和生活方式不同，加之由于酒店本身的设施设备不可避免地会出现故障，或服务人员在工作时疏忽大意，或违反了操作要求，都会引起顾客的不满和投诉。接待前来投诉的顾客对服务员来说无疑是一种挑战，要做到既使顾客满意而归，又不至于使酒店的利益受到损失，这就必须掌握处理顾客投诉的一些程序和方法。

1）做好心理准备。为了轻松、正确地将顾客的投诉处理完毕，首先，应在心理上做好准备。要确立"顾客总是对的""顾客是上帝"的信念。一般情况下，顾客都是在万不得已的情况下才来投诉的，所以要站在顾客的立场，换一个角度去想，如果你是客人，遇到了他目前的问题，你会有什么样的感觉？而且，在服务行业，都遵循这样一个原则：即使是顾客有错，也要当他是对的，不要发生对抗。和顾客发生对抗，和顾客争个高低，那样只能是于事无补，破坏双方的和谐关系。其次，负责对投诉进行处理的服务员应了解投诉顾客的三种心态：发泄、要求补偿及希望得到尊重。服务员应根据具体情况进行判断，顾客究竟是属于哪种类型，是出于哪种目的来投诉的，然后再区别对待。如果顾客的目的在于发泄或是求得尊重，就要耐着性子听，给顾客发泄的机会，不能与其争辩，并尽可能地安慰客人，平息其心中的怒气；如果顾客的目的是为了求得补偿，虽然他一再强调"并不是钱的问题"，对于这类顾客，就要看自己是否有权力对其做出补偿的承诺了，如果没有这样的授权，应请示上级来出面接待、处理。

2）认真听取顾客的叙述。客人在叙述的时候，应集中精力倾听，并适时地提出问题，这样可以在很短的时间内弄清事情的经过，提高办事效率，节省时间。

要让顾客把话说完，不能胡乱插话，随便打断顾客的讲话。

对顾客讲话时要注意语调、语气、音量。

表情要严肃，不能随便发笑，让顾客误以为是对其遭遇幸灾乐祸。

3）记录要点。要在顾客叙述的过程中将有关要点，如顾客投诉的内容、客人的姓名、房号等认真记录下来，以作为下一步解决问题的资料和原始依据。同时，这样做也是为了向顾客表示自己代表本部门所采取的郑重态度，是把顾客的喜怒哀乐放在重要地位，以顾客的利益为重的。另外，顾客为了配合办事员的记录，语速会不自觉地有所减慢，这样，无形之中就起到了一个缓冲的作用。

4）对顾客表示同情和理解。在顾客的叙述过程中，要设身处地地为顾客着想，对顾客的感受、反映都表示理解，用温和、恰当的语言安慰顾客，但也不能急于把一切问题都往自己身上揽，只能先以朋友的身份对顾客的遭遇表示同情，在没有把事情的来龙去脉搞清楚之前，是不能为了止住顾客的怒气、暂时平息事端而随便承担责任的。因为这不仅涉及酒店整体的声誉和利益，同时也关系到事情的是非曲直。

5）把准备采取的措施告知顾客，征求顾客的意见。根据所发生的事情的性质，迅速确定一个解决的办法，并向顾客提出解决的办法，征询顾客的意见。

6）对顾客反映的问题立即着手处理。除了极个别顾客以外，顾客投诉的最终目的都是为了解决问题。因此，对于顾客的投诉应立即着手处理，必要时请相关人员进行协助。

7）对处理结果予以关注。接待投诉顾客的服务员，往往并不能直接去解决问题，但应当对处理结果进行跟踪，给予关注，确定顾客的问题是否得到了解决。

8）询问顾客对于投诉处理结果的意见。顾客投诉的问题解决之后，应该与其再进行联系。这种周到的服务与关心会使顾客感觉到服务员对其是十分关心的，对其所投诉的问题是十分重视的，从而对整个酒店留下良好的印象。另外，应对顾客投诉表示感谢，对其把问题反应给本部门的举动表示感谢。

第二节　餐饮部管理

在我国的星级酒店中，餐饮收入约占酒店总收入的三分之一，餐饮经营有特色的酒店，餐饮收入甚至超过了客房收入。因此，通过扩大宣传，推出有特色的餐饮产品，增加服务项目，严格控制餐饮成本和费用等手段，餐饮部可为酒店创造出可观的经济效益。

一、餐饮部在酒店中的地位

（一）餐饮部是旅游酒店的一个重要部门

它不仅能够满足顾客对食品、饮料和良好服务的需求，还可为酒店创造较好的经济效益。食物是人类生存和发展的最基本条件之一，随着历史的发展与人类的进化，人类的饮食也日趋多样化。尽管世界上存在着不同的种族，有不同的肤色和语言，但对于维持人类生存的饮食需求是一致的，只不过各民族的饮食传统和习惯有所不同而已。

（二）餐饮服务是一种重要的旅游业资源

世界各地因食品原料、烹调方法、饮食习惯等的不同形成了丰富多彩的饮食文化。旅游者通过品尝异国风味的美味佳肴，领略异国情调的饮食文化，不仅能得到必要的营养补充，也从中受到艺术感染，从而得到精神上的享受，既加深了对异国文化的了解，又增进了各国人民之间的友谊。所以说，餐饮不仅是酒店得以生存和发展的条件，也是世界旅游业发展的重要条件之一。

（三）餐饮服务直接影响酒店声誉

餐饮服务的水平客观地反映了酒店的服务水平，餐饮服务质量直接影响酒店的声誉和竞争力。餐饮服务水平受众多的因素影响，其中主要是厨房烹调和餐厅服务两大因素。除此之外，还包括餐厅的环境气氛、风格情调、餐饮器皿等的质量水平，而这一切又都决定于酒店的经营管理水平。世界上因餐饮服务出色而声名远播并经久不衰的酒店很多，所以说餐饮服务水平直接影响酒店的声誉。

（四）餐饮部是酒店获得经济效益的重要部门之一

我国旅游酒店的餐饮收入一般要占酒店总收入的30%～40%。在旅游淡季，客房的利用率较低时，经营管理较好的餐饮部门的收入甚至可以超过平常占主体的客房部的营业收入。因为酒店客房数量和租金基本上是固定不变的，所以其最高日收入是一个常量，而餐饮部的最高日收入则是一个变量，虽然餐位数是固定的，但餐饮部的工作效率和专业化服务所产生的接待人数和人均消费是不固定的，所以餐饮部的收入弹性较大。

二、餐饮管理的特点

餐饮部是酒店中生产实物产品的部门，但其产品是有形的实物与无形的服务的有机结合体，与一般企业的产品有着显著的区别。因此，餐饮管理有其自身特点。

（一）员工管理难度大

餐饮部是酒店中员工最集中的部门，员工工作岗位多而复杂，而员工的思想和行为易受到社会、经济、文化等因素的影响。同时，餐饮部员工的技术要求较高，无论是厨师还是服务员，均有一技之长，他们极易因工作环境、工资待遇等问题而流失。因此，餐饮部员工管理相当复杂，难度也大。管理者必须善于与下属沟通交流，善于运用各种激励手段与方法来调动员工的积极性，才能保持员工队伍的稳定。

（二）产品质量不稳定

餐饮产品的生产环节多，从菜单设计、原料采购、厨房制作到餐厅服务，环节众多，环环相扣，容易出现质量问题。这就要求各环节之间必须密切配合，协调好关系，从而提高产品质量。

餐饮产品依靠大量的手工劳动，缺少机器控制，同时由于员工的工作态度好坏不同，技能技巧高低不一，因此餐饮服务不可避免地存在着质量、水平上的差异。即使是同一员工，由于受到时间、体力、情绪等的影响，也会导致工作质量的波动。因此，制定严格的质量标准，坚持执行质量标准，加强员工的培训教育，是酒店餐饮服务取得成功的必要手段。

另外，客人需求的不同，容易造成评价产品质量的尺度不同。客人来自世界各地，他们对菜点品种、口味等方面的要求存在差异，容易出现同样的菜点和服务，不同的客人有不同的评价。所以，管理者应及时了解各方需求，并要求员工在烹饪、服务方面灵活应变，在保证质量的前提下，尽量满足客人的要求。

（三）餐饮成本较难控制

餐饮成本范围较广，除了设备的折旧、维修等费用外，还包括食品原料、酒水等成本和劳动力成本、能源成本、低值易耗品等项目，因此，控制难度很大。所以，餐饮管理者必须就成本控制制定一系列的措施和方法，实行标准化管理，制定成本标准，从而达到降低成本，增加盈利的目标。

三、餐饮部组织机构

餐饮部是酒店的重要营业部门，也是酒店收入的重要来源。按照酒店的规模、档次的不同，酒店餐饮部组织机构的设置也不尽相同。大规模、高档次的酒店餐饮部一般包括中餐厅、西餐厅、宴会厅、咖啡厅、酒吧、风味餐厅等多种餐厅。按照餐厅的划分，以及各个人员的职责的不同，餐饮部的组织机构在设置的时候，必须遵循一定的原则。

（一）餐饮部组织机构图（见图4-5、图4-6）

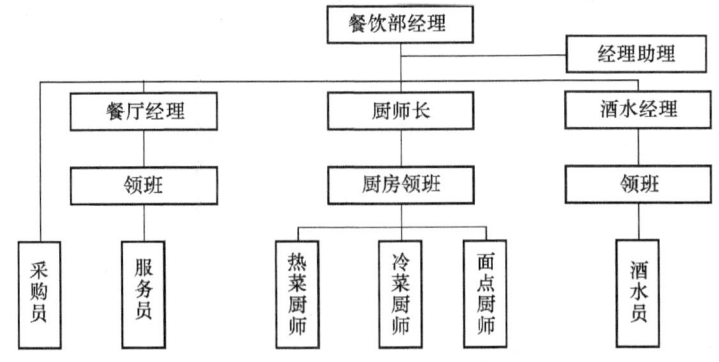

图4-5 中型酒店餐饮部组织结构

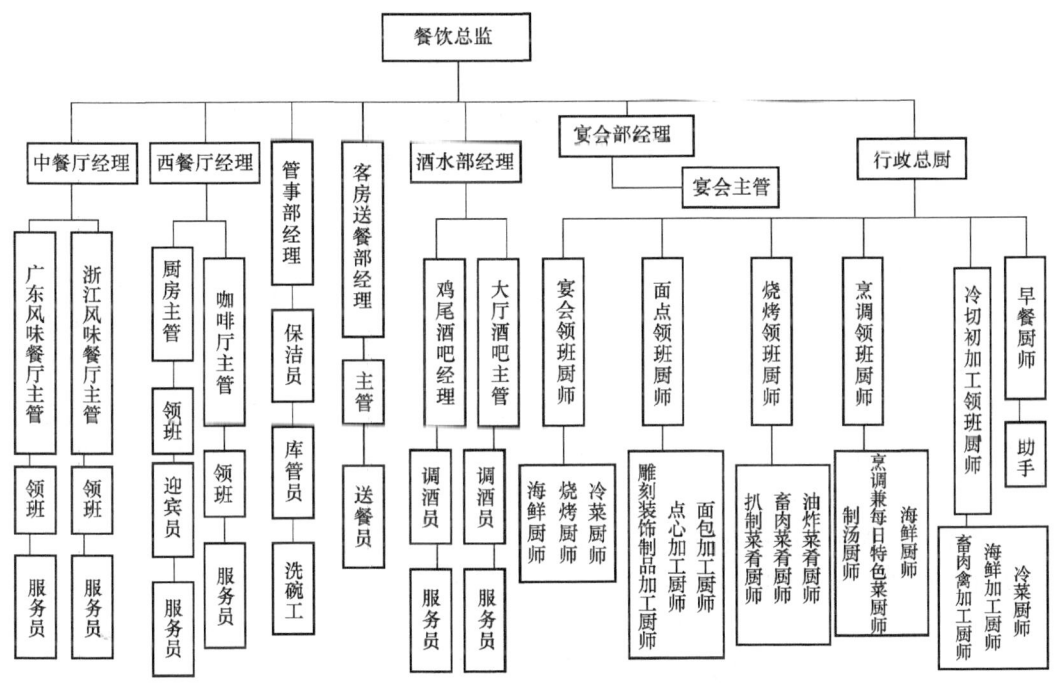

图4-6 大型酒店餐饮部组织结构

（二）常见的餐饮组织形式

酒店餐饮部无论规模大小，一般都由三大部分组成：食品原料采购供应、厨房加工烹饪和餐厅服务。通常设有原料采购部、厨房、餐厅、酒吧、管事部等业务部门。

1. 原料采购部

原料采供部和仓库，负责食品原料物资的采购、验收、储藏、发放等工作。采供部工作的好坏对餐饮产品的质量、食品原料成本有直接的影响。一般酒店的原料采供由厨师长负责，大中型酒店则由财务部下设二级部门负责。

2. 厨房

厨房是餐饮部的生产部门，是烹制各种菜肴的场所。任务是按照菜单的要求，将食品原料加工成符合要求的菜肴和食品，保证各项接待任务和日常供餐任务的完成。酒店总业务由厨师长负责，下设各类主厨和领班。

3. 餐厅、酒吧

酒店各类餐厅、酒吧是餐饮部的前台服务部门。大中型酒店一般均设十多处各种形式的餐厅、酒吧等，不论从服务形式还是餐饮特色上看，可谓形式多样、种类繁多。酒店规模越大、级别越高，越是如此。如正餐厅、宴会厅、风味餐厅、自助餐厅、咖啡厅、大堂酒吧、鸡尾酒吧等。各类餐厅根据其规模的大小，通常设经理、主管、领班三个层次的管理人员。

4. 管事部

有些酒店还专设有管事部，主管餐厅的布置、宴会布置、炊具、餐具的洗涤和清洁卫生工作。

（三）餐饮经营管理的基本内容和目标

1. 掌握市场需求，合理制订菜单

餐饮管理者要了解本酒店目标顾客的需求特点，掌握顾客的餐饮习惯，以及餐饮时尚、口味变化等餐饮市场发展趋势，在此基础上制订能够迎合广大顾客需求的菜单，作为确定餐厅种类和规格、餐饮内容和特色、选购设备、配备人员的依据。

2. 开发餐饮新品种，创造经营特色

餐饮经营最重要的一点就是要有特色。餐饮经营者要在美味可口的食品、热情周到的服务、优雅轻松的气氛等几个方面创立自身的特色，创出特色菜，创新细致的服务项目，营造令顾客流连忘返的环境气氛。只有这样，才能吸引顾客，形成自己独树一帜的经营风格。

3. 加强餐饮营销，增加营业收入

餐饮部应在酒店统一营销计划的指导下，研究顾客需求，选择营销目标，制订营销计划，积极开展营销活动，招揽各种宴会，抓好节假日的宣传营销，争取更多的顾客和提高顾客平均消费额。

4. 确保食品质量和服务质量

食品质量和服务质量事关餐饮服务经营管理的成败。餐饮部应建立严格的规章制度，制定各岗位操作规程和质量标准，严格进行检查。把好食品原料的采购、保管、发放关，督促厨房操作人员严格按菜谱要求操作，不断提高食品质量。餐厅服务员要坚持按照服务规程操作，不断改善服务细节，提高服务质量。同时，要加强食品卫生和饮食安全管理，杜绝食品污染、食物中毒等事故的发生。

5. 控制餐饮成本，确保盈利

餐饮收入是酒店营业收入的重要来源之一，因此，控制成本是餐饮服务管理的重要内容。应从以下几个方面着手：制定标准成本率，确定合理的食品销售价格；控制食品原料的采购价格，加强储藏、保管、发放管理，避免原料损耗和浪费；控制原料加工损耗率；严格按标准菜谱要求进行操作，做好成本核算和成本分析，降低成本，增加盈利。

(四）厨房的生产管理

厨房是酒店的食品生产部门，是不与顾客直接接触的后台部门，它为顾客提供的是间接服务，所以厨房生产是为餐厅服务的，厨房必须以餐厅为中心来组织调配自身的业务工作。所有厨房工作人员必须树立起厨房生产服务于餐厅需要的指导思想。

1. 厨房的业务工作

厨房的业务工作主要包括以下几方面：

（1）安排当天业务工作　按当天预报并结合前一天的销售情况来确定当天或下一天的生产任务量，下达生产任务书，进行当天业务安排。根据确定的订单及预计的销售量，厨师长应公布宴会菜单、自助菜单、点菜菜单等，并合理安排岗位员工做好相应的准备工作。

（2）开餐前准备　在厨师长的指挥之下，按各环节本身的业务内容进行餐前准备。

（3）开餐时间内　厨房应以餐厅业务的进展为依据，以炉灶为中心来安排工作，厨房中一切工作岗位都要服从炉灶的需要。根据菜单订单顺序出菜，根据餐厅需要随时调整出菜速度，严格控制菜品质量。

2. 抓好成本核算

把好食品原料的采购关、验收关、选洗关、切配关和烹调关五道关口，从而实现对食品生产全过程的成本控制。根据核定的毛利率确定菜点的售价，尽量提高原料的利用率，杜绝浪费。

3. 管好厨房设备

实行分级归口、划片包干的管理原则。做到"用、管、养"三合一。

4. 加强厨房卫生管理

卫生工作是厨房生产的重要工作，它关系到顾客的健康和酒店的声誉，包括环境卫生、原料卫生、餐具卫生、员工个人卫生和生产过程卫生。

5. 厨房安全管理

安全直接涉及顾客、员工的切身利益，对酒店的声誉和社会形象有着直接影响。管理中，严防食物中毒事故和厨房火灾事故，严格遵守操作规范，避免因操作不慎导致的人身伤害等工伤事故。

四、餐饮服务管理

（一）预定工作

1. 问候接待顾客

主动问候进入餐厅的顾客，热情接待前来预订的顾客。

接受预订（直接预订和当面预订）时，根据预订记录，回绝或者同意顾客的预订要求，对于顾客的特殊要求，要妥善处理。应该详细掌握预订的时间、付款方式。请客人再次确认后，收取一定的预付金，并要有顾客的签字确认。

2. 更改与取消预订

更改预订人的姓名、单位、确定更改新的日期。对于取消预订的情况，要根据规定办理损失费等有关事宜，并及时将信息下发到各个岗位，最后把取消通知单和预订单放在一起，按日期存档。

完成更改后要感谢客人的理解、支持。

3. 电话订餐

电话铃响三声之内接听，用清晰的语言，礼貌的语气问候顾客。一般由问候语+餐厅名称组成。倾听顾客问题并给予回答，对于回答确有困难的问题，则先向顾客道歉，然后记录客人联系电话及姓名，并礼貌地告知顾客5分钟后再给顾客答复，切忌当时立即将电话交给他人接听。准确掌握问题内容，归纳复述顾客提问，以获确认。顾客挂断电话后，才可轻轻放下话筒。

（二）零点服务程序

1. 零点服务的概念

零点服务是指餐厅为接待零散顾客而进行的服务工作。这是一项具体而复杂的工作，因而要有完整的服务规范，包括先后依次安排的服务工作步骤、一定的服务程序和一系列服务标准要求。零点服务会遇到从最简单的零售小吃到与酒席宴会相当的顾客需求，体现出顾客需求的多样化。对于顾客提出的需要，餐厅应尽量满足，做到使顾客满意。

零点服务的特点：顾客多少不定，需求标准不一，需求菜品种类分散，就餐时间交错。

零点服务包括早餐、午餐、晚餐等每个饭时。每一饭时又可能会连续接待几批顾客，需要翻台。翻台是指一批顾客用餐完毕，服务员立即清理餐台，并安排另一批顾客就餐的过程。

2. 零点服务程序

（1）餐前准备 服务员应该先检查餐厅是否按要求摆好了餐位，包括餐台、餐椅是否摆放整齐美观，餐桌椅是否完好无损，发现问题及时更换、修理，台布铺放是否符合标准，还要检查餐厅的环境是否清洁卫生；备齐餐具、佐料和服务用品。将消毒好的碗筷、盘碟、茶具等整齐备好，放置有序。检查装有酱油、醋等佐料的容器，看是否清洁、装满，不足的要及时补上，还要根据当天的供应品种配制、备足其他辅助佐料。把牙签、火柴、烟灰缸、热毛巾等备好；了解当天的供应品种和其他原材料的情况，并将与平日不同的菜点写于通知板上，其内容的顺序要有规律，名称、价格要写清楚，字迹要清晰；整理个人仪容，并自查着装情况。

（2）问位开茶 问位开茶是餐厅服务开始的程序，包括服务到桌、餐后结账和前台售票等服务方式。

具体做法是：见顾客到来时，迎宾员要面带微笑接待。为顾客拉门，并致问候。问清人数后，服务员将顾客带到合适的餐台安排就餐；服务员主动为顾客拉椅让座，送上香巾后开茶。由于个人饮茶习惯不同，要向顾客问茶，征询意见，也可根据顾客的喜好介绍适宜的品种。然后按需开茶；开茶时注意卫生，不能手抓茶叶往茶壶里放，应用茶勺按茶位放茶，茶量准确。斟茶时，在顾客的右侧斟倒第一杯礼貌茶，右手执壶，左手自然下垂或托托盘，杯中茶水一般斟八分满为宜，不宜太满；需要加位或撤去餐桌餐位的，要左手托盘，右手摆放或取走餐具。

以上所述是茶杯、餐具预先摆好的台式服务的餐厅服务程序。另一种是迎宾员把顾客人数告知服务员，由服务员把茶具、餐具按顾客人数摆上台，然后开茶。如果客多繁忙，无暇接待后到的顾客时，也要热情打招呼，做到人未到声先到，以稳住客人。

在北方，习惯上没有开茶这个环节时，更要对顾客热情地打招呼，这是接待宾客的第一个见面礼，使宾客一进门就要感到来自于酒店的亲切温暖的问候。

（3）开餐服务　茶位开好后，向顾客介绍当天的菜点品种时，要有意识地推销适当的品种，这要根据问位开茶时和顾客的接触，对顾客的要求和一般需要的了解，有针对性地介绍。顾客确定菜单后，要迅速开单。复写的菜单，一份交给账台结算，一份交厨房备货，一份存底。服务员给顾客送上菜点时，要把专用的餐具、佐料等一同上台，使顾客便于用餐。

在顾客用餐时，服务员要勤巡视，看顾客有什么新的要求，注意斟水、换烟缸和清理台面，主动照顾好老幼、残疾人和坐在边角位置的顾客，做到有问必答，态度和蔼、语气亲切。

（4）结账收款　顾客要结账时，服务员应迅速取回账单送到顾客餐台，小心提示顾客需付的金额，同时将账单让顾客过目，收款时要向顾客道谢。结账时，要注意同座有无搭台的顾客，如果有，就要分清账单，不可造成错单、漏单、跑单。如果顾客有多余的或未吃完的菜点，服务员要主动用食品盒或食品袋包装妥帖后，交顾客带走。

在服务工作中，送客与迎客同样重要。顾客用餐完毕，服务员要坚持做到礼貌送别，要虚心征求和听取顾客的意见，对服务不周之处应表示歉意，对误会可作解释，以便消除误解。顾客离座时，要提醒他们不要忘带自己的东西，要说欢迎再次光临之类的礼貌用语。如因工作忙不能抽身相送时，也要打个招呼，或招手注目致意，表示相送，切不可置之不理，使整个接待工作功亏一篑。

（5）清理台面　餐厅服务中翻台是常事，及时清理台面是一项很重要的工作。

顾客走时，服务员应先查看是否有顾客遗落的物品。若有，应立即交还顾客。若顾客已离去，应交服务台并告知值班经理，以免被损坏或被他人冒领。

最好等顾客都离开餐厅之后再动手清理台面，以表示对顾客的尊重。按照撤餐具，撤台布，摆放桌椅的顺序清理，动作要轻、稳，尽量不发出大的声响，以免影响邻座的顾客。

清理台面应先收毛巾、餐巾、饮具，后收餐具，烟缸、牙签、佐料容器等专门收捡。对所有属于重复使用的餐具和物件，要及时清洗消毒，擦拭干净，分类保管，以备再用。将桌椅摆放原处，铺好台布，准备接待下一批顾客。若饭时已结束，要把各种餐具和物件清洗消毒，分档存放。最后一名（批）顾客走后，开始清洁餐厅，将桌椅排列整齐。

3. 宴会服务

（1）准备工作　在宴会开餐前半小时，将一切准备工作准备就绪；服务员站立于迎宾位置准备迎接顾客。客人到来后主动向顾客问好，按先宾后主原则，为顾客拉椅让座。

（2）餐前服务　高档宴会一般采用托盘斟倒第一杯茶，然后送香巾，除去顾客的筷套。按顾客要求到备餐间通知起菜；斟倒酒水；宾主致辞时，用托盘准备好一至两杯甜酒在致辞完毕时送上。

（3）用餐服务　按照菜单的顺序上菜，报菜名。上菜一般有一定的先后顺序，先凉后热，先荤后素，先优质后普通，先特色后一般，先咸后甜，先菜后点，先热菜后汤菜（遇到粤菜，可以按粤菜的习惯先上汤）等。上菜中遇到汤羹类等需要分的菜肴时，则应该胆大心细，掌握好菜分量，件数要分得均匀，并尽可能避免响声。撤换骨碟时，应尽可能在所有顾客吃完菜时再撤。凡有配料的菜，先上配料，后上主菜。重要宴会应每位上一份配料。席间撤换餐具应严格按照左上右撤，不能跨越撤换。

（4）餐后服务　清洁台面，撤去顾客用过的餐具。上干净的骨碟，再上果盘，鲜花；为顾客提供热茶服务，小毛巾服务。

（5）送客服务　为客拉椅协助顾客离座，迅速检查台面及周围是否有顾客遗留物品；服务员送客人至门口，并致欢送词，目送客人离开。

（6）客房送餐服务　接受送餐预订有两种方式：一种是接听电话；一种是当面预订。预订时必须确定的信息包括人数、房号、菜品、分量、酒水。记清并重复以上内容。根据就餐情况，告诉顾客送餐时间。具体流程如下：

1）下菜单、酒水单。根据顾客的要求写好菜单、酒水单；取出酒水，并请收银员填好送餐单及餐具登记表；在收银台确认客人可行的买单方式。

2）准备工作。根据顾客人数备好相应的餐具、用具、酒水、酒具、开瓶器。

3）送餐。送餐途中，保持送餐用具平稳，在房间门口要先敲门三下，稍作停顿，报"送餐服务"，若无反应再敲，再报。征得顾客的同意后进入房间，介绍菜品，对于顾客的其他需求应尽量满足，最后呈上送餐单，请顾客签单或买单。回到餐厅将现金或签单送到收银台。

4）收餐。估计顾客用餐完毕应主动打电话询问顾客。收餐具时应轻声，并注意房间卫生，同时清点餐具并检查餐具有无破损，收银员在送餐餐具登记表上签字。

第三节　客房部管理

一、客房部在酒店中地位和作用

客房部是酒店的主体，是酒店的主要组成部分，是酒店存在的基础，在酒店中占有重要地位。

客房是顾客在酒店中逗留时间最长的地方，顾客对客房更有"家"的感觉。因此，客房的清洁卫生程度、装饰布置是否完美、设备与物品是否齐全完好、服务人员的服务态度是否热情周到、服务项目是否周全、丰富等，对顾客有着直接的影响，是顾客衡量"价"与"值"是否相符的主要依据。客房服务质量的高低，客人感受最敏感，印象最深刻。

客房部负责酒店所有客房的清洁和保养工作，配备各种设施，提供各种生活用品，并且提供多种服务项目，方便住店顾客，为顾客制造一个清洁、美观、舒适、安全、理想的住宿环境。

客房部在酒店中的地位和作用主要体现在以下几个方面：

（一）**客房是酒店存在的基础**

酒店是向顾客提供生活需要的综合服务设施，它必须能向顾客提供住宿服务，而要住宿必须具备客房，从这个意义上来说，有客房才能成为酒店，所以说客房是酒店存在的基础。

（二）**客房是酒店组成的主体**

按客房和餐位的一般比例，在酒店建筑面积中，客房占70%~80%；酒店的固定资产，也绝大部分在客房，酒店经营活动所必需的各种物质设备和物料用品，也绝大部分在客房，所以说客房是酒店的主要组成部分。

（三）**酒店的等级水平主要是由客房水平决定的**

人们衡量酒店的等级水平，主要是依据酒店的设施设备和服务。设备无论从外观、数量或者是使用来说，都主要体现在客房，因为顾客在客房呆的时间较长，较易于感受，因而客房服务水平常常被人们作为衡量酒店等级水平的标准。客房水平包括两个方面：一是客房设备，包括房间、家具、墙壁和地面的装饰、客房的布置及客房电器设备和卫生间设备等；二是服务水平，即服务员的工作态度，服务技巧和方法等。

（四）客房是酒店经济收入和利润的重要来源

酒店的经济收入主要来源于三部分——客房收入、饮食收入和综合服务设施收入。其中，客房收入是酒店收入的主要来源，而且客房收入较其他部门收入稳定。客房收入一般占酒店收入的50%左右。从利润来分析，因客房经营成本比饮食部、商场部都小，所以其利润是酒店利润的主要来源。

（五）客房是带动酒店一切经济活动的枢纽

酒店作为一种现代化的综合设施并为顾客提供综合服务的场所，只有在顾客入住率较高的情况下，酒店的一切综合设施才能发挥作用，酒店的一切组织机构才能运转，才能带动整个酒店的经营管理。顾客住进客房，要到前台办手续、交房租；要到餐饮部用餐、宴请；要到商务中心进行商务活动，还要健身、购物、娱乐，因而客房服务带动了酒店的各种综合服务设施的使用。

二、客房部的业务特点

（一）经营过程同时具有生产性和服务性

客房经营过程主要是指客房通过员工付出的劳动为顾客提供优质服务的过程。从增加资本、创造价值的角度来看，客房服务和劳动本身是生产性劳动。从客房服务过程看，是员工利用客房的设备和生活用品等物质要素，不断向顾客提供使用价值的劳动的过程，是生产过程和服务过程的统一。

（二）随机性、复杂性

客房是顾客休息、工作、会客、娱乐、存放行李物品及清理个人卫生的场所。不同的顾客的身份地位不同、生活习惯不同、文化修养与个人爱好也有差异，所以顾客对客房服务的要求也是多方面的，这使得客房业务具有很强的随机性。

客房部的业务范围较广，除了客房业务之外，一般还有清洁、绿化及布件洗涤、发放等工作。客房业务组织包括员工整个服务活动的组织及工作程序安排和设备保养、客房用餐等项目的实施，业务工作繁琐复杂，而且这些业务工作内容彼此之间互相联系，互相影响，使客房业务呈现复杂性特点。

（三）对私密性和安全性要求高

客房是顾客在酒店的私人领域，客房业务对私密性与安全性的要求很高。服务员未经顾客允许不能随便进入客房，要做到尽量少打搅顾客。服务员在客房内不能随便移动、翻看顾客物品，要尊重顾客的隐私权。

安全是顾客进行旅游活动的前提条件，是顾客最基本的要求。每一个酒店都必须保障顾客的安全，为顾客提供一个安全舒适的私密环境。

三、客房部的组织结构

客房部是酒店的主要业务经营部门，要顺利地开展各项工作的前提就是客房部组织结构的科学性和合理性。根据组织机构设立的原则，客房部的组织结构应该是一个统一指挥、分工明确、层次分明、沟通顺畅的健康体制。以前，我国的酒店客房部通常采用的是设立楼层服务台的管理模式，这样有利于服务人员与顾客面对面的接触，更好地体现服务的亲切和人文化的关怀。近年来，客房部的组织结构经历了一些变化，随着国外隐蔽式服务的提出，酒店客房部将楼层服务与客房服务中心结合在一起为顾客服务。客房部的组织结构从以前的直线职能制形式逐渐改变。

现在一般的星级酒店通常采用的客房管理模式有以下几种：设立楼层服务台；设立客房服务中心；采用楼层服务与客房服务中心结合在一起的模式（见图4-7）。

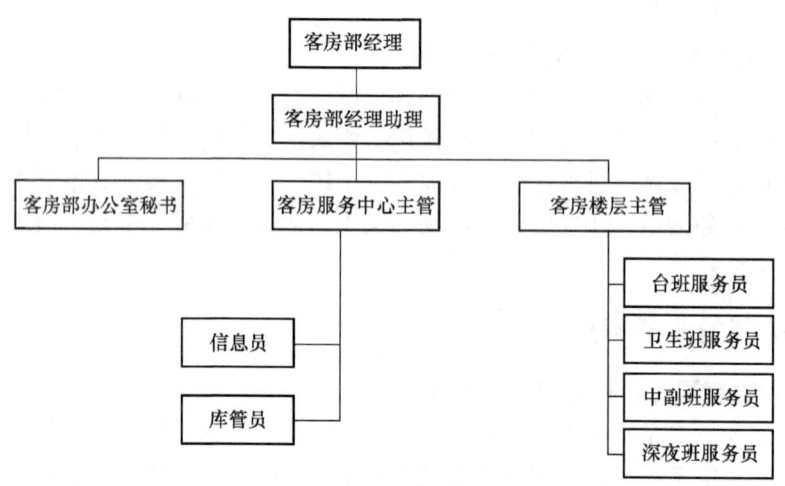

图4-7 客房服务中心与楼层服务相结合的组织形式

客房部主要的部门设置及业务分工如下：

（1）楼层服务台 楼层设立服务台，负责保管客房的钥匙，清扫客房，补充房间物品，送交顾客需要的物品，负责楼层的巡视和安全工作。

（2）客房服务中心 客房服务中心的主要任务是接受顾客的服务要求，负责统一安排、调度对顾客服务，以及负责与其他部门的联络协调工作，是客房部的信息接收、传递、处理中心。具体来说主要任务有：接受顾客服务要求，统一调度对客服务；管理楼层万能钥匙；安排清洁组对客房进行统一打扫；接受顾客投诉；与前厅部保持及时、直接的联系；负责向工程部递交维修单，并检查维修情况；负责与布草房、洗衣房进行布件、客衣的交接工作；协调与其他部门的关系。

（3）布草房 负责酒店所有布草、制服洗涤后的交接、发送业务。具体包括：酒店客房、餐饮部布草的收发、分类；对客房、餐厅布草的定期盘查；负责全体员工制服的储存、修补和交换；定期配备、更新布草和制服，保证布草和制服的及时供应；与洗衣房协调，搞好制服和布草的送洗、清点和验收。

（4）洗衣房 主要负责洗涤、熨烫布草、员工制服和送洗客衣的工作，其管理水平、洗涤质量和工作效率的高低，不仅直接影响整个酒店的经营活动与成本损耗，也影响顾客对酒店服务质量的评价。具体包括：负责酒店棉织品的洗涤熨烫；负责酒店员工制服的洗涤熨烫；负责客衣的收取、洗涤和发放；负责洗衣房实施设备的日常保养。

（5）公共区域卫生部 酒店公共区域面对的是住店顾客和很多访客以及其他的人员，

人们习惯于根据酒店公共区域是否整洁来判断酒店的水平,所以清洁保养工作在此显得尤为重要。具体工作包括:负责酒店室内外公共区域的卫生;负责酒店所有排水排污的管道系统、沟渠、河井的清洁工作;负责酒店卫生防疫和消毒工作;负责酒店绿化和花卉护理工作。

客房部主要岗位设置:经理、主管、领班、服务员。

四、客房部管理的任务

科学合理地组织客房部的业务运转;保证客房清洁卫生与接待服务工作质量;不断提高客房部员工的政治和业务素质;管理客房设备和物资,努力降低成本。

(一) 客房清洁工作

酒店能够吸引顾客的首要原因是清洁干净的卫生环境,所以客房部最主要的工作就是卫生清扫。

1. 客房日常清洁的规范和程序

(1) 客房清扫的顺序 客房服务员每天对客房的清扫都要根据一定的开房缓急状况或者总台、领班的指示,按照一定的顺序去打扫客房。

通常情况下,客房打扫的顺序一般为:顾客挂有 MAKE – UPROOM 标志的房间、总台或领班指示打扫的房间、走客房、一般的客房。VIP 房间的打扫一般由专人打扫或采用随进随出制;常住房可以与顾客协商定时打扫。

(2) 客房清扫要求

1) 走客房清扫。用房卡开门,并填写进房时间,开始清扫。以检查为主。检查纱窗、窗帘有无破损,床上用品是否受潮,电器、电灯是否能正常开关,地面有无虫类,用品是否齐全,物品位置是否移动等。若有问题及时更换,清扫或报房务中心处理。

客房连续两三天空置,则要地面吸尘。当天有预订,则应调好空调,自查,关门离房并填写出房时间。

2) 住客房清扫。检查工作车,备齐布草、客用物品、清洁用品和服务清洁报表。杯子浸泡消毒,收集垃圾,拆除床上的布草连同卫生间的布草,铺好床,清洁浴室,补充供应品,抹尘,吸尘,巡视,自查,填写出房时间表。

2. 客房清扫的卫生质量标准

(1) 卧室卫生质量标准

1) 墙面地面卫生。客房天花板光洁明亮,无蛛网、灰尘和墙壁脱落现象;地毯每天吸尘,无杂物、死角,铺设平整美观,墙上灯具定期循环擦拭,要求光亮,无灰尘;门窗每天擦拭,无印迹、灰尘,开启自如;窗帘定期换洗,无破迹、脏迹。

2) 家具卫生。客房用具每天擦拭,桌面、椅子、床头、壁柜、电视机、冰箱、行李架、床头柜等表面光洁,无灰尘;玻璃制品每天擦拭,要求光亮,无水印和其他痕迹;电镀制品表面光洁无污迹;镜子画框明亮,无尘土,无水银脱落现象;各种家具用具始终保持干净、整洁,摆放在规定位置,客人使用方便。

3) 客用物品卫生。床单、枕套每日换洗,按规定洗涤消毒,无破损、毛发、污迹,有舒适感;茶杯每日擦拭消毒,明亮无水迹、手印;毛毯、床罩、被褥定期换洗,表面干净、柔软、无毛发;拖鞋每日换新;各种物品要求始终清洁、美观、整齐。

（2）卫生间卫生质量标准

1）墙面地面卫生。天花板光洁、明亮，无蛛网、灰尘，墙面平整光洁、无灰尘、水印，地面干净、光亮，无废纸、杂物、烟头、积水，室内无虫害发生。

2）马桶、浴盆卫生。马桶每天冲洗消毒，表面光洁、无水渍，无异味，四壁无污渍；卫生纸、卫生袋摆放合理；浴盆每天擦洗，盆内及四周无污渍、水印、皂迹和头发；台面水杯每天消毒，干净明亮，按规定位置摆放整齐，客用方便。

3. 客房逐级检查制度

该检查制度主要是指对客房的清洁卫生质量检查，实行领班、主管及部门经理三级责任制，也包括服务员的自查和上级的抽查。实行严格的逐级检查制度，是确保清洁质量的有效方法。

（1）服务员自查 要求服务员每整理完一间客房，要对客房的清洁卫生状况、物品的摆放和设备家具是否需要维修等进行检查。实行服务员的自查不仅可以提高客房的合格率，还可以加强服务员的责任心和检查意识，同时，减轻领班查房的工作量。服务员自查的重点是客房设施设备是否完好、正常，客用品是否按规定的标准、数量摆放，自查的方式是边擦拭灰尘边检查。此外，在清扫完房间，准备关门前，还应对整个房间进行一次回顾式检查。

（2）领班检查 领班检查是非常重要的一个环节。因为领班负责"OK"房的报告，总台据此就可以将该客房向顾客出租，客房部必须加强领班的监督职能，让其从事专职的某楼面客房的检查和协调工作。

1）领班检查的作用：领班检查不仅可以查漏补缺，控制客房服务质量，确保每间客房都属于可供出租的合格产品，还可以起到现场监督作用和对服务员的在职培训作用。领班检查时，对服务员清扫客房的漏项、错误和卫生不达标的情况，应出返工单，令其返工。

2）领班检查的数量：一般而言，日班领班应负责约80个房间左右的工作区域的房间检查工作（负责带5~7个服务员）。日班领班原则上应对其所负责的全部房间进行普查，但对优秀员工所负责清扫的房间可以只进行抽查，甚至"免检"，以示鞭策、鼓励和信任。

3）领班检查的顺序：一般情况下，领班查房时应按环形路线查房，发现问题及时记录和解决。但对下列房间应优先检查：首先检查那些已列入预订出租的客房；尽快对每一间整理完毕的走客房进行检查，合格后尽快向客房中心报告；检查每一间空置的VIP房；检查维修房，了解维修进度和家具设备状况。

（3）主管抽查 楼层主管是客房清扫卫生任务的主要指挥者。加强现场服务的监督和检查，是楼层主管的主要职责之一。主管检查的方式是抽查。抽查的特点在于这种检查事先并不通知，所以检查的结果往往比较真实。

1）抽查意义：检查监督领班的工作；进一步保证客房卫生质量；确保客房部经理管理方案的落实；为客房部管理收集信息。

楼层主管对客房清洁卫生质量进行抽查的数量一般可控制在20间房左右。

2）抽查内容：主要检查领班实际完成的查房数量和质量，抽查领班查过的房间，以观察其是否贯彻了上级的管理意图，以及领班掌握检查标准和项目宽严尺度是否得当。主管在抽查客房卫生的同时，还应对客房公共区域的清洁状况、员工的劳动纪律、礼貌礼节、服务规范等进行检查，确保所辖区域的正常运转。

3）抽查重点：每一间VIP房；每一件维修房，促使其尽快投入使用；抽查长住房、住客房和计划卫生的大清洁房。

（4）经理抽查　楼层清洁卫生工作是客房部工作的主体。客房部经理也应拿出1/2以上的时间到楼层巡视和抽查客房的清洁卫生质量。这对于掌握员工的工作状况，改进工作方法，修订操作标准，更多地了解客人意见，具有十分重要的意义。经理抽查房间应每天保持一定的数量，应特别注意对VIP客房的检查。

客房的逐级检查制度应该一级比一级严，所以，经理的查房要高标准、严要求，亦被称为"白手套"式的检查。经理的检查宜不定期不定时，检查的重点是房间清洁卫生的整体效果、服务员工作的整体水平如何，以及是否体现了自己的管理意图。

（二）客房接待工作

1. 迎接顾客

事先了解顾客的姓名、国籍、身份；按照不同的规格布置房间；迎接时在指定的楼层（地点）迎候顾客；站在服务处面带微笑，表示欢迎；带顾客进入房间，随后送入欢迎茶（面向顾客退出）。

2. 代客开门

先礼貌地请顾客出示房号卡；按照核对房号、核对卡上的日期时间、有无住客姓名的程序逐一验证；若顾客没有房号卡，请顾客到前台领取房号卡，办理开门手续；房号卡确认后，为顾客开门；服务员在工作表上记录开门情况。

3. 送别顾客

事先掌握顾客离店的准确时间；检查代办的事项是否还有未完成的工作；征求即将离店顾客的意见，并提醒顾客检查自己的行李和物品，不要遗留物品在房间；顾客走后迅速检查房间设备有无损坏，物品有无丢失，顾客有无使用客房小酒吧的食品，有无顾客遗留物品，并在3分钟内报告前台收银；处理顾客委托或交办事项；顾客离店后要迅速清洁整理房间，并通知前台；填写"客房情况日报表"。

4. 接待来访顾客作业规范

接待来访客人要以礼相待；了解来访者所访何人，有无预约及来访者的姓名等；通报住客，征得同意后方可见面；引领访客到房门口，待双方见面确认无误后方可离开；根据酒店的规定要求，或顾客的要求提供相应服务（送茶、换水、增饮料、加座等）；会客后根据情况主动询问顾客是否需要清洁服务。如果来访时主人不在或不便会客，应委婉地询问来访客人是否需要留言或提供相应服务；如果酒店规定要做来访登记而又遭客人拒绝，应及时报告上级或有关部门。

5. 擦鞋服务

为客人提供擦鞋服务，客房部在衣柜内放有擦鞋篮，并告示顾客若需擦鞋服务，可将鞋放入鞋篮，于晚间放在房间门口，客房部服务员免费为顾客擦鞋，擦鞋完毕后，送回顾客房间门口。

6. 洗衣服务

客房内应放有洗衣登记单和洗衣袋，顾客可根据需要填写。服务员在取洗衣时，应点清件数，然后检查口袋内有无物件、纽扣有无脱落、有无破损等，若有，应向客人指出，并在洗衣单上注明。若有顾客洗衣时，应将账单转到前厅收银处，计入该顾客的账户，待离店时统一结算。

案例分析

事情经过：

"安先生，您好。有什么事需要我帮忙吗？"总台接待员小王见到熟客安先生拎着一个包急匆匆走来，便迎上前去笑吟吟地打了招呼。

安先生点了点头立即说道："我要离开合肥两天，过两天还要回来住。我还有押金在你们这里，你先把我现在这个房间退了，但先不要结账。我在1205房间。"说完递过他的门卡。"没问题，您放心吧。您回来后还要住原来的房间吗？"小王接过门卡，关心地问道。

"随便。"安先生说完急匆匆地掉头而去。"安先生，再见。"小王目送安先生走后，立即通知客房中心说1205退房。没过多久，楼层服务员打来电话称1205房间还有不少行李。小王想，也许安先生过两天还要回来，所以没有把行李全部提走吧，于是他通知行李员将1205房行李搬下楼，暂存行李房。

当天下午约3点，一位顾客来到总台反映其房卡失灵开不了门。仍在当班的小王问其是住哪一个房间的，对方答：1205号房。小王心里一惊，1205房，上午9时安先生不是退房了吗？小王接过这位顾客IC卡，经过复读还原，确是1205房的门卡。小王似乎明白了一切，再细查资料，果然，安先生住的是1105。安先生离开时将房号报错，才导致如此结果。于是小王赶忙向该顾客做了解释，并表示道歉，同时立即指示行李员赶紧将行李再搬回1205房。

小王为了稳住顾客情绪对顾客说："行李员正将您的行李搬回房间，我们大堂副经理请你先到咖啡厅喝杯咖啡，您也好好休息一下，您看可以吧？"顾客淡淡一笑，不再说什么。当大堂副经理将真正的1205房的顾客请到咖啡厅后，小王终于舒了一口气。

分析提示

小王的失误虽然没有引起轩然大波，但教训必须吸取。教训是什么？是酒店工作人员倘若在既定的操作规程中随意"偷工减料"，把本该有的环节省略掉，极有可能导致错误的出现。

本案的问题出在小王接过安先生的门卡时未加以复读确认。因没有确认导致失误的现象在现实生活中并不少见。比如，顾客点的菜单未经确认就送厨房，导致某道菜顾客不认账而拒绝接受；未确认顾客退房时间并预先做出收费政策的解释，导致结账时的纠纷；再如，未确认送洗衣服的纽扣已丢失，导致衣服送还顾客时引发不满等。

案例分析

电话总机服务——这样的闲事管不管

一日，一位先生打长途电话来说，有一件棘手的事情非常紧急，希望北京某酒店总机的话务员给予帮助。总机领班说："请您不要着急，慢慢说，看我是否能帮您解决问题。"这位先生说他有一位朋友出差现住在北京某宾馆，因有急事需要立即与他取得联系，但北京市电话局114查号台说查不到该宾馆的号码。他听说该酒店总机的服务热情、周到，能够帮助客人解决各种困难，因此抱着试试看的想法打长途电话来寻求帮助。总机领班马上安慰这位先生，请他不要着急。总机领班又找出电话簿仔细查询，终于查到了待查宾馆的电话号码，马上打电话与该宾馆核对，证实这位先生的朋友确实住在这家宾馆。总机领班立即打长途电话将查询结果告诉这位先生，这位先生连连道谢，说："您这酒店是一流的酒店，总机是一流的总机，我要告诉我的朋友们以后到北京一定要住这酒店。"

另一日，店外一位孙小姐打电话来说："真对不起，我不转电话，只想查一个号码可以吗？"总机话务员毫不犹豫地说："没关系，小姐，您打电话请我们帮助查号这是对我们的信任，请问您查哪里的号码，我们一定尽力帮您查找，如果您在线上等的时间太长不方便的话，您可以留下号码，等我们查到后打电话通知您，好吗？"孙小姐说她家的狗病了，想查找一个离家近的宠物医院的电话号码和地址。总机领班马上安慰这位小姐，请他不要着急，并帮她查找了宠物医院的电话。孙小姐非常感动，说："我打了几家饭店的总机，她们都拒绝了我的要求，没想到你们那么痛快地答应了，并且还帮我找了几家医院供选择，真是太感谢你们了。"总机话务员说："不用客气，我们非常高兴能为您提供帮助，希望您今后有机会光临，再见！"

分析提示

电话总机是酒店内外信息沟通联络的通信枢纽。总机话务中以电话为媒，直接为客人提供各种话务服务，其服务工作质量的好坏，直接影响客人对酒店的印象，也直接影响到酒店的整体运作。话务员每天要处理成百上千电话业务，许多顾客对酒店的第一印象，是在与话务员的第一次不见面的接触中形成的。热情悦耳的语音、甜美微笑的语调、周到完善的服务，都是对酒店形象的宣传。上述案例只是他们日常为客服务的两件平凡小事，但都给顾客留下了难以忘怀的印象。这些案例也印证了心理学首因效应理论的实质是关于形象塑造理论，首因效应之所以强调第一印象十分重要，目的就在于要塑造好形象，维护好形象。该酒店总机的案例也说明，形象是一种服务，酒店形象被塑造好了，不仅会令顾客感受到应有的尊重，而且还会使之在享受服务时感到赏心悦目，轻松舒畅；形象是一种宣传，饭店形象被塑造好了，就会使广大顾客交口称赞，并且广为传播，进而吸引来更多的顾客；形象是一种品牌，它会为顾客带来无穷的魅力；品牌还是一种效益，投入与产出肯定会成正比，饭店的形象被塑造好了，自然会获得良好的社会效益和经济效益。

（1）总机话务员一般与顾客不见面，但时时刻刻与顾客打交道，一个合格的话务员在为客服务时应该让顾客能够听见和感受到你发自内心的、真诚的微笑。

（2）话务员的语音语调应该亲切、甜美、悦耳、动听、统一。

（3）话务员应能熟练掌握服务技能，热情为顾客提供优质服务。

（4）优秀的话务员应该能够为顾客解决疑难问题和提供个性化超常规服务。

案例分析

接听电话的投诉

某日晚22时，一位顾客从店外打电话到前台查询另一位住店顾客冯先生，总机将电话接转前台后半天无人接听，后来电话被接起又放下不理，顾客感到非常生气，向夜间值班经理投诉。

分析提示

在电话里顾客一段简短的对话，能够改变顾客对酒店的印象，电话是顾客对饭店印象的第一感受。因此，服务员在接听电话在时要随时使用电话技巧。如何接听电话是对顾客服务的基本功，及时灵活地接听电话可以更好地为客服务，减少投诉。

（1）铃响三声之内必须将电话接起，微笑问好，自报岗位，询问对方需求什么服务。

（2）两部电话铃声同时响起，应先将一部电话接起，微笑问好，向顾客说对不起，请顾客稍等，然后立即接听另一部电话，并尽量用简短的语言回答对方询问的内容，待通话结束后应迅即将第一部电话接起，向等候的对方再次表示歉意，同时马上回答对方的询问。

两部电话铃声同时响起，只接听一部电话，对另一部电话听而不闻或接起后不再理睬都会导致顾客的投诉。

（3）当你正在为顾客服务时，电话铃声响起，你应面带微笑向暂被中断服务的顾客讲"对不起，请您稍候。"然后按照一般来电话接听程序要求迅速接听电话，以简洁的语言快速服务来电顾客，尽快结束接听电话。放下电话后，应立即向被中断服务的顾客致歉讲："对不起，让您久等了。"

（4）当你正在为顾客服务，旁边的电话铃响了，你不予理睬，继续为面前的顾客服务，好像是在真诚地为顾客服务，但它的副作用是，这位顾客心里会想以后我再打电话过来可能也会遭到冷漠对待。

（5）当你在接听电话时，若有顾客来访，应面带微笑，点头示意，暗示顾客你将尽快为其服务。当你迅速结束电话交谈后，应对顾客讲："对不起，让您久等了。"

（6）上述案例中的问题，说明员工未按规程操作，也说明主管和领班管理、督导、培训不到位。

案例分析

一位上了年纪的外宾来到酒店大堂，走到大堂经理面前，告诉大堂经理，他在该酒店住了一个星期，今天将要离店回国，在住店期间，不论他走到哪里，都受到服务员无微不至照顾。酒店的设备虽然一般，但服务很好，服务人员在举止、礼貌和服务等方面都表现出较高的素质，给他留下了深刻的印象。因此他在离店前特地找到大堂经理，表达对饭店和服务人员的感激之情。

这时，外宾拿出了一张意见卡，这是客房内的宾客意见卡，外宾打开意见卡，大堂经理看到顾客在上面的"满意栏"上都画了勾，并在空白处写下对饭店的赞美之言。这位外宾对大堂经理说："在这一个星期当中，我对贵酒店各方面都很满意，但是在我将要离开时并且在意见卡上表达了满意和感激之情后，就是这张意见卡给我留下一点点遗憾。希望贵酒店在管理上能做得更细一点。"

大堂经理从外宾手中接过意见卡一看，明白了。客房内的宾客意见卡是折成三角形放在写字台上的，由于长时间没有打开过，在三角形的空间内积有一些灰尘。外宾打开意见卡写完后，抬起手一看，这些灰尘蹭到了手上和衣服上。就是这一点灰尘，在这位对饭店评价很高的外国老人心中留下了遗憾。

分析提示

意见卡上有一点灰尘，从表面上看不是什么大问题，擦干净也很简单，但就是这一点点灰尘，进行深入分析，这就不是小事了。

服务员在搞房间卫生时，每天都要擦写字台，可是放在写字台上面的意见卡却不知有多长时间没有动过，忽视了这个细小问题，管理人员在检查中也没有发现这个小问题，因此，这就不仅仅是卫生的问题，而是从服务上升到管理上的问题。

通过这个意见卡给了我们一些启示：

第一，无论是在服务上还是在管理上都要重视细节，一家饭店管理和服务水平的高低，就是通过一些细节体现出来的。服务重视细节，顾客才会有细致、周到、体贴入微的感觉。管理重视了细节，才能体现管理的规范、细致、严谨。

第二，管理人员要能发现细节。发现了细节问题就是发现了管理的源头。酒店管理是由许多细节组成的，管理人员和检查人员要学会做挑剔的顾客，努力对酒店的各个区域、每一项设施吹毛求疵。酒店的细节管理作为评价酒店管理是否成功的一项重要标准，作为提高顾客满意程度的重要环节，理应引起酒店管理者的高度重视。可以肯定地说：细节绝不是小节。

案例分析

"酒店常会遇到一些挑剔的顾客，如何使'顾客是皇帝'这一服务原则得心应手地运用到每一次出现的挑剔冲突中，还需具备对顾客进行心理分析的能力，这样才能有的放矢，缓解矛盾。"已有二十多年餐饮经理的梁先生正在给一家酒店的餐饮部员工上课。

梁先生接着说："我几十年碰到的客人数不胜数，真正不友好，带有敌意的顾客只是极少数的。其中有一类顾客的挑剔，是为了刻意显示出他们富商大贾的气派和地位。"

一位阔商请几位男女顾客共进晚餐。服务员端上鱼翅羹，每人一份。主人吃了一口，大表不满："我吃过卜百次鱼翅了，你们的鱼翅做得不好，僵硬、不爽。去问问你们厨师是怎么做的！"

顾客面露略显不悦的样子，话说得很重。

服务员二话没说，答应去问。出去后，悄悄告知经理。餐厅经理走了过来，笑容可掬，故意放大音量说："老板真不愧是吃鱼翅的行家。今天的鱼翅在泡发和火工上确实稍缺一点点时间，这点小差别，您一口就尝出来，不愧为美食行家。"餐饮经理招手把服务员叫了过来，站到了客商边上又接着说："鱼翅不满意，老板您看，是换，还是取消？取消的话，损失当然我们承担，您不用支付分文。"

分析提示

餐饮经理的一席话，句句扣住了阔商的心理。他抓住了两点。一方面经理不作任何调查研究，先把阔商捧到天上，将责任全部归于店方，给阔商以足够的面子，既突出了对他地主地位的尊重，又烘托了他美食家的身份，顾客心理得到了超期望的满足。另一方面，使用了"欲擒故纵"的手法，退还是换（"换"也是扔掉），鱼翅这类高档菜肴的损失价值是很大的。但既然心理得到了满足，这类阔商就不会斤斤计较，反而要借机显示自己的大度。情形果然不出所料。

"算了，算了。这次就算了，以后要注意质量。你们蒙混别人可以，骗我是骗不过去的。"阔商还要借机炫耀一下自己。餐饮经理不愧经验丰富，进一步"欲擒故纵"。"老板，感谢您宽宏大量，我看就打八折吧。为了保证质量，我叫厨师也出来向你们道歉，并扣他当月资金。"这时阔商又开始显示他的大度和阔气了。阔商说："难道我就要省这20%的钱吗？老实告诉你，再多10倍的钱我也不在乎！厨师一个月赚不了多少钱，不能为这区区小事扣他的钱嘛！"

至此，矛盾已有了很大的缓和。但在这种情形下，不要急于向顾客结账，而应留出给顾客一段平静过渡的时间；或是让他有一个在赴宴顾客面前吹嘘的机会。有条件的话，还可免费赠送一盆水果致歉。

服务员送上账单，阔商点清钱，爽快地付账离去。餐饮经理已站立在门口，递上名片，恭请顾客再次光临。

课讲到最后，梁先生告诉大家，这是他亲自处理的一个真实的案例。自此以后，那位阔商成了他酒店的座上常客，并经常介绍其他的客人前来用餐，还指名梁经理必须好好关照。实际上是这位顾客在继续向他周围的人炫耀自己。但对酒店来说，客源就是通过顾客这样的心理满足而不断增加、扩大的。

回顾复习

详细论述现代酒店组织设计的原则。

思考练习

1. 前厅部的工作程序是怎样的？
2. 如何处理顾客投诉？
3. 餐饮部管理的基本方法有哪些？

第五章 现代酒店营销管理

学习目标

- 掌握现代酒店市场营销的概念
- 了解酒店市场营销的重要意义
- 掌握现代酒店市场营销的策略

第一节 现代酒店营销管理

一、酒店市场营销概念

酒店营销是市场营销的一种，也是酒店经营活动的重要组成部分。它始于酒店提供产品和服务之前，主要研究顾客的需求和促进酒店客源增长的方法，致力于开发酒店市场的潜力，增进酒店的收益。酒店市场营销涉及满足顾客需求的产品，贯穿于从酒店流通到顾客的一切业务活动，最终使酒店实现其预设的经营目标。

酒店市场营销不仅仅是单一的推销模式，它涉及的面广而深，它包含了酒店市场营销的调查，酒店产品的设计、开发和定价，产品营销，产品流通等方面的内容。简单来说，酒店市场营销就是为了满足客户的合理要求，为使酒店盈利而进行的一系列经营、销售活动，营销的核心是围绕满足顾客的合理要求，最终的目的是使酒店营利。酒店营销不是经营销售，它所具有的功能是：负责了解、调研顾客的合理需求和消费欲望，确定酒店的目标市场，并且设计、组合、创造适当的酒店产品，以满足其目标市场的需要。

二、酒店市场营销的意义

加强酒店市场营销的终极目的在于拓展市场。营销的目的是创造更佳效益，营销面对的则是市场，没有市场，营销便无从谈起，没有良好的营销策略和手段，也不会创造更好的市场，更不会有良好的业绩，因此，酒店只有加强市场营销，才能拓展更大的市场。

（一）酒店市场营销是决定酒店总体经济效益的关键环节

酒店不但要生产出质量好的产品和提供优质的服务，还必须把产品销售出去，以补偿成本，获得利润，同时，提供的服务也要得到顾客的满意，以争取更多的回头客。

（二）酒店市场营销是使酒店经营适应市场的桥梁和纽带

只有通过市场营销的各种手段和策略，才能使更多的顾客了解和认识酒店，才能使顾客切实感受到"服务第一、顾客至上"。

（三）市场营销可以更好地满足顾客的需求

通过市场营销，实现有效的信息传播，使顾客更容易享受到满意的产品和服务，并通过技术创新，在更高层次上满足顾客的需求。

三、现代酒店市场营销的理念

理念决定行为，行为决定成败。酒店如果没有正确的市场营销理念的引导，就很难在市场竞争中获得胜利。

（一）正确选择目标市场

酒店所有的经营活动都是围绕着消费展开的，也就是说，酒店首先要对市场进行充分的调研，从而确定适合自己的目标市场，确定要为之服务的特定消费群。确定了目标市场，才能有的放矢地研究目标市场的顾客需求，最后去设计有针对性的酒店产品，以满足目标市场的需求，实现酒店的自身经济利益。

酒店的目标市场不可能全覆盖，酒店要在市场细分基础上，通过评估分析，选定一个或若干个消费群体作为目标市场，并相应地制定营销策略。

大多数酒店对自己力图满足的消费者有更清楚的选择，这样就能保证从分散地使用营销资源，到将资源集中于最有潜力的消费者群体（目标市场），即从对市场不加区分的广泛市场营销转变为"有所为、有所不为"的目标营销，使酒店识别各个不同的购买者群体的差别，有选择地确认一个或几个消费者群体作为自己的目标市场，发挥自己的资源优势，满足其全部或部分的需要。

取悦每一个人是不现实的，成功的酒店营销者一定是那些比竞争对手更了解自己为谁服务以及服务对象的特殊性的人。目标市场的正确选择扬弃了广泛市场营销那种"所有人都适用一种规格"的，以一般大众为营销对象的观点，使酒店市场营销活动真正以消费需求为中心，也使营销者发现与自己资源相匹配的最佳市场机会，以及避免过度竞争，从而使酒店市场营销活动更加有效。

（二）重视顾客的口碑传播

酒店营销的宗旨是通过有效服务打动顾客，让顾客愿意来酒店消费，从而获取利润的过程。而对于满意的顾客来讲，他们如果愿意将自己在酒店享受到的服务经历告诉别人，并且以一传十、十传百的方式传播开来，对于酒店来说那是非常乐意看到的。一项调查表明：一个满意顾客可能会引发至少8笔潜在的买卖，其中至少有一笔可以成交；而一个对某产品或服务不满意的消费者则足以影响周围25个人的购买意愿。由此"用户告诉用户"的口碑影响力可见一斑。因此，口碑传播有利于提高发掘潜在消费者的成功率。

消费者的选择特别容易被口碑所影响，良好的口碑是赢得回头客的最重要的举措，也是反映"产品及品牌忠诚度"的重要指标。许多知名的大型酒店，如华美达、香格里拉、假日等，在其百年的经营中，培育了多年始终坚持的回头客，老顾客不仅是回头客，而且也是酒店的活动广告牌。回头客的多少，客户流失率的高低，对酒店发展有着举足轻重的影响，也是赢得顾客忠诚的关键。忠诚顾客会通过良好的口碑传播将酒店介绍给更多的新顾客，而且还会与酒店形成一种"伙伴关系"，通过这种关系的确立，连锁酒店可以形成新的营销优势，增强企业的品牌亲和力和竞争力。因此，口碑传播有利于酒店缔结品牌忠诚，赢得更多的回头客。

口碑营销是以满足顾客需求、赢得顾客满意和顾客忠诚、获得正向口碑、与顾客建立起良好的关系以及提高酒店和品牌形象等为目标。拥有良好的口碑，往往会在无形中对酒店的长期发展，以及酒店产品销售、推广都有着很大的影响。当酒店赢得了良好的口碑之后，其知名度和美誉度往往就会非常高，这样，能有效地减少消费者的购买风险，树立酒店良好的市场形象，在酒店营销中能发挥酒店广告、宣传册等正式传播渠道难以发挥的作用。因此，口碑传播有利于树立酒店良好的市场形象，培养顾客忠诚度和提升品牌价值。

口碑是酒店拥有的一项特殊无形资源，通过口碑营销的方式有利于顾客简化决策流程，缩短做出购买决策的时间，有利于企业增加销量，降低获得新顾客的宣传成本、关系成本和维系成本等，使酒店利润上升。

（三）重视互联网的影响力

"网络营销"一词已经越来越被酒店业内人士所推崇。互联网就像是通往世界的窗口，它使这个世界变得更小了，使酒店与客户的沟通显得更自由、更及时、距离更近、更多样式。在信息量丰富、实时沟通、市场呈现快速变化的资讯时代，酒店再也不能以昨天的方式来思考或解决今天的问题，不能以过去传统的手法来操作今天的事业。互联网加快了人与人之间的沟通和了解，信息变得空前重要，谁先一步掌握信息，谁就领先于市场。

酒店通过网络宣传酒店形象，比以往的宣传方式更快捷、更清晰、更安全、更互动，使无形的服务有形化。酒店可以利用多媒体技术，把酒店整体的设施设备、内部环境装饰、各种特色服务等在网络上动态地表现出来。顾客可以更快、更便捷地了解酒店，他们足不出户便可以在自己的家里或办公室得到视觉上的形象化享受，获得身临其境的感觉。酒店可以更细致、更周到地在第一时间反馈顾客所需要的信息，双方达成互动。但酒店在宣传的同时，要做到"诚实"。酒店在网上的图片、宣传资料也要与顾客在酒店看到的一致。酒店在互联网上公布的价格要与其在其他各个途径的报价保持一致，让顾客对酒店产生信任感。

集团化经营酒店的网站，是酒店在网络平台上的一个窗口，类似于传统名片的作用，但又是一个比传统的杂志、电视、报纸和其他广告形式更有成本效益的广告方式。酒店的网站，可以让顾客在网站上看到集团不同地区各个酒店的情况，了解每个酒店的客房及价格信息，进行网上预订，为顾客提供"一站式服务"，集团各个酒店更是可以在网上实现资源共享。

网络平台对单体经营的酒店的帮助也很大。单体经营的酒店在以往的经营中比较缺乏竞争力，但如果能利用网络平台，与订房网站合作，一样能实现资源共享，利益共享。

互联网时代的到来，给酒店行业带来了更多便利，它使酒店运转的效率更高、成本更低、信息更准确、沟通更加互动。

互联网有利于酒店拓展潜在客户市场，使全球营销变为可能。互联网打破了时间和空间的限制，覆盖了整个时间。酒店通过互联网可以将自己的信息迅速传送到世界各地。世界各地的客户也可以通过网上浏览，马上获得酒店的所有信息，甚至立刻完成网上购买。互联网营销扩大了酒店的市场范围。

（四）"绿色营销"观念要深入人心

英国威尔士大学肯·毕提教授在其所著的《绿色营销——化危机为商机的经营趋势》一书中指出："绿色营销是一种能辨识、预期及符合消费的社会需求，并且可带来利润及永续经营的管理过程。"绿色营销观念认为，企业在营销活动中，要顺应时代可持续发展战略的要求，注重地球生态环境保护，促进经济与生态环境协调发展，以实现企业利益、消费者利益、社会利益及生态环境利益的协调统一。从这些界定中可知，绿色营销是以满足消费者和经营者的共同利益为目的的社会绿色需求管理，以保护生态环境为宗旨的绿色市场营销模式。

因此，可以这样定义何为"绿色营销"——所谓"绿色营销"，是指社会和企业在充分意识到消费者日益提高的环保意识和由此产生的对清洁型无公害产品需要的基础上，发现、创造并选择市场机会，通过一系列理性化的营销手段来满足消费者以及社会生态环境发展的需要，实现可持续发展的过程。绿色营销的核心是按照环保与生态原则来选择和确定营销组合的策略，是建立在绿色技术、绿色市场和绿色经济基础上的、对人类的生态关注给予回应的一种经营方式。绿色营销不是一种诱导顾客消费的手段，也不是企业塑造公众形象的"美容法"，它是一个导向持续发展、永续经营的过程，其最终目的是在化解环境危机的过程中获得商业机会，在实现企业利润和消费者满意的同时，达成人与自然的和谐相处，共存共荣。

绿色营销是适应21世纪的消费需求而产生的一种新型营销理念，也就是说，绿色营销还不可能脱离原有的营销理论基础。因此，绿色营销模式的制定和方案的选择及相关资源的整合还无法也不能脱离原有的营销理论基础，可以说绿色营销是在人们追求健康（HEALTH）、安全（SAFE）、环保（ENVIRONMENT）的意识形态下所发展起来的新的营销方式和方法。

新的消费观念讲究满足基本消费的同时，开始考虑基本消费所带来的附加值。比如，人们在购买汽车时已经在考虑排放标准，无氟冰箱已经进入千家万户，人们开始关注服装对人体的健康等方面的安全保护，这些都是新兴消费观念对于传统需求的冲击。事实上，随着人们对于生态环保观念的认知和加强，也促使人们改变原有的消费观念，许多人已经自觉拒绝非绿色产品，这些人愿意站在绿色消费立场上，心甘情愿地为人类社会的可持续发展买单，具有高度的前瞻性。

绿色营销理念运用于酒店行业，有利于酒店占领市场和扩大市场销路。随着公众环境意识的增强和生活水平的提高，人们逐渐认识到，追求物质享受，过度地消费自然资源将加深这个星球和人类自身的危机。以保护环境为特征的绿色消费观正影响着人们的消费观念和消费行为，成为一种新的时尚。世界各国连年掀起绿色消费的高潮。酒店通过绿色营销，提供消费者所需要的绿色产品，满足消费者的绿色需求，可以扩大市场占有率，促进酒店占领市场，使酒店发展前景更广阔。同时，营造绿色文明，促进酒店塑造绿色文化、绿色营销，可以推动新型的绿色文明的发展，绿色文明是一种以追求环境与人类和谐共存和发展的新型文明。通过绿色营销的活动，可以协调"酒店—保护环境—社会发展"的关系，使经济发展既能满足当代人的需要，又不至于对后代人的生存和发展构成危害和威胁，而是促进社会文明的进步。通过实施绿色营销战略，酒店和酒店所有者得到良知的安慰和道义的满足，酒店成员也会为自己是其中的一员而感到自豪和满足，而消费者也会由于自己的绿色消费行为，帮助了酒店绿色营销的最终实现而感到满意。酒店通过实施绿色营销使全体员工树立绿色营销观念，并在此观念指导下实施绿色产品的研究开发和生产，在酒店业内部营造清洁、绿色、环保、安全的工作环境，有利于保护酒店职工身心健康，更有利于培育酒店业"绿色文化"。其次，绿色营销理念有助于酒店提高经济效益。绿色营销的过程就是酒店努力提高资源和能源的利用率，尽可能减少污染环境或不污染环境，实现可持续发展的集约化经营的过程。通过这种过程，酒店可以从比较高的层次来考虑技术开发和产品更新换代，提高酒店经济增长的质量。同时，随着消费者绿色环保意识的增强，购买绿色产品成为时尚和趋势，通过实施绿色营销则有利于酒店占领市场、扩大酒店的市场份额。

（五）实行"全员营销"

全员营销指酒店所有员工对酒店的产品、价格、渠道、促销和需求、成本、便利、服务等可控因素进行互相配合，用最佳组合以满足顾客的各项需求（即指营销手段的整合性）；同时全体员工应以营销部门为核心，研发、生产、财务、行政、物流等各部门统一以市场为中心，以顾客为导向，进行营销管理（营销主体的整合性）。所有员工关注或参加酒店的整个营销活动的分析、规划和控制，尽量为顾客创造最大的让渡价值，使顾客满意度最大化，使酒店从中获得市场竞争力，以期从中获得长期利润及长远发展。很多大型工业企业采用全员营销观念后取得了不凡的成效。酒店实行全员营销，意在实现"人人营销、事事营销、时时营销、处处营销、内部营销、外部营销"。营销的本质是"服务"，创造"好感"，是

"创造并传播影响力",影响他人的"思想和行为"。营销是由一系列的过程组成的,也是由一系列的活动组成的,营销,就是要做一系列的事情,影响他人的观念和行为,达到推广商品和服务的目的。

酒店中的每个人,都应有"营销意识",有"服务意识",都能结合自己的工作,参与营销活动,为客户服务,包括内部客户和外部客户。为客户服务,创造"客户好感",都是营销。这是"人人营销"。把每件事情,都与营销联系起来,每件事情,都力争对营销起到积极促进作用,做每件事情,都想着营销。每件事情都与营销挂钩,每件事情,都注入"营销"的灵魂。这是"事事营销"。

任何时间,都想着营销,思考营销,研究营销,学习营销,都做一些力所能及的有利于营销的事。这是"时时营销"。

去任何地方,都想着营销,思考营销,研究营销,学习营销,都根据实际情况,进行适当的宣传推广活动。把营销深入到脑海之中,成为我们的潜意识。这是"处处营销"。

在酒店内部,要利用一切事件、一切机会、一切场合、一切可能持续宣传酒店文化,持续宣传"服务意识",持续宣传"营销理念",加强沟通,培养全体员工的"服务意识"和"营销意识"。酒店内部,也要形成"客户意识"和"服务意识",按照业务流程,按照服务关系,上道工序为下道工序服务,下道工序是上道工序的客户。这是"内部营销"。

面对社会各界,包括政府职能部门、新闻媒体、社会团体、供应商等,都要积极宣传,宣传商品,宣传文化,宣传酒店。这是"外部营销"。

总之,酒店存在的价值和意义就是为客户服务。营销的目的在于:第一,要让目标客户知道我们;第二,要让目标客户认识我们;第三,要让目标客户认同和接受我们;第四,我们要与目标客户建立健康长久的合作关系。酒店营销,就是让满意我们的人越来越多,不满意或不知道我们的人越来越少。

(六)重视"企业文化"理念

不仅顾客注重个性化、优质化消费,酒店也越来越重视个性、独特的酒店文化。因此,追求时尚、个性、雅致的各种各样的主题酒店开始涌现,为顾客提供不同的文化感受。如成都的京川宾馆的三国文化、西藏饭店的藏族文化、岷山安逸大酒店的年画主题。酒店文化营销主要在于环境文化营销和产品文化营销。酒店内外的装修布局、设计装饰、挂件饰品、环境烘托都要有充分的文化内涵,为顾客营造一种文化氛围,如西藏饭店,整体外形似布达拉宫雄伟,内部设计装饰也处处体现藏族元素。

酒店产品的设计、制作、包装也要充分体现文化元素,凸显出酒店文化特点,充分体现酒店的文化价值,让顾客享受独特、品质、文化的酒店产品。如京川宾馆的菜品、中秋时节的三国胡饼,在制作和包装上都充分体现了酒店的三国文化。

(七)酒店的"个性营销"理念

如今人们的消费观念及消费需求不断在改变,消费者已从原来的统一消费、标准消费转向个性化消费。因此,酒店在满足顾客共性需求的基础上,还需针对顾客的个性特点和特殊需求,主动积极地为顾客提供差异化服务,以便让顾客有一种自豪感、满足感,从而留下深刻的印象,赢得他们的忠诚而成为回头客。

顾客的个性化需要归根结底是一种被尊重、被满足的感觉,如在顾客登记时,称呼顾客的名字;顾客抵达客房时,看到自己喜欢的食物和杂志;顾客离店时,酒店发专门的短信问候。个性化服务并不在于酒店给顾客多少优惠,而是知道顾客的需求,并在恰当的时候为顾客提供,使顾客觉得享受到了"专门为我提供的服务"。

酒店要提供个性化服务,需要做好充分的工作,不仅要建立完善的顾客资料库,充分了解顾客的入住习惯,还要关注顾客新的需求,为顾客制造新的惊喜。

第二节 现代酒店营销策略

现代酒店营销已不是传统意义上的"销售"工作了,它涉及酒店的方方面面,是酒店成长与发展的重要环节,尤其在当今"营销"经济形式下,从整体上把握营销以及掌握渗透到酒店各个领域的营销策略,对酒店经营者来说是非常必要的。

营销是酒店经营的龙头,也是酒店经营管理的最重要的环节。它带有全员性和全方位性,与每个员工、每个岗位有直接或间接的关系。作为现代酒店营销,不仅是简单的一般产品的推销,设法把已经准备好的产品销售出去,而是具有比推销更广泛的含义,涉及酒店辐射区的市场调查,酒店产品设计、开发和定价,产品推销和流通等诸多方面。现代酒店营销是酒店各部门共同组织和完成的经营活动。因此,研究和探讨其策略对于酒店的发展显得尤为重要。在知识经济时代,酒店的市场营销必须转变传统观念,确立服务营销是立足之本的理念。随着经济的发展和社会的进步,服务在社会经济生活中扮演的角色日益重要,尤其是在营销中的地位和作用日渐突出。

一、产品策略

酒店依靠适销对路的产品来获得生存发展的资本。如果产品品质低劣、落后,产品效用单一、低下,就会被顾客无情地"拒之门外"。因此,产品策略是关系到酒店生死存亡的关键,是酒店营销组合策略中最基本的策略。

(一)酒店产品的含义

从市场观念的角度来说,酒店产品是指向市场提供的、能满足顾客的某种需要和利益的物质产品和非物质形态的服务。物质产品主要包括酒店产品的实体及其品质、特色、品牌等,它们能满足顾客对使用价值的需要。非物质形态的服务主要包括产品形象、质量保证、声誉等,它们能给顾客带来利益和心理上的满足和信任感,具有象征性价值。这种对酒店产品的理解称为酒店整体产品概念。

(二)产品组合

顾客所消费的产品不是由哪一个部门或者个人能够全部提供的。顾客需要的不是单个的产品,而是多种产品的组合。而且,顾客的需要又是千差万别的,这就要求酒店提供不同的产品组合供不同的顾客选择。也就是说,对酒店而言,要针对不同的顾客,开发出不同的产品组合。

酒店可以从产品的广度、长度、深度和密度四个方面进行产品组合,以形成不同的酒店产品系列。

1. *产品组合的广度*

产品组合的广度是指酒店所拥有的产品线的数量,即酒店经营的分类产品的数量,如客房服务、餐饮服务、康乐服务等。产品线越多,说明产品组合的广度越大。

2. 产品组合的长度

产品组合的长度是指酒店的每一个分类产品中所包含的不同服务项目的数量。如酒店餐饮服务包含中餐厅、西餐厅、咖啡厅、自助餐厅、宴会厅、特色厅，包含的各种餐厅的数量就是产品组合的长度。

3. 产品组合的深度

产品组合的深度是指每一个服务项目中能提供的不同的服务品种的数量。如KTV服务中能提供的歌单的数量、有无茶水服务、果盘服务等。

4. 产品组合的密度

产品组合的密度是指每一个产品线上的产品在使用功能、生产条件、销售渠道或其他方面的关联程度。产品组合的密度不是一个固定的概念，从不同的角度对产品组合的密度进行评价，其结论也是不一样的。比如，从生产条件角度来看康乐产品和餐饮产品，它们的关联程度是很低的，但从销售角度来看，它们却可以是有关联的。

酒店可以通过扩充或缩减产品组合的广度、长度和深度，来提高或降低产品组合的密度。从这些角度出发，调整产品组合，可以使酒店产品更具竞争力。例如，扩大产品组合的广度，增加酒店产品生产线，搞多元化经营，就能扩大酒店的销售领域，增加酒店经济收益，更重要的是有利于分担酒店的营销风险，做到"东方不亮西方亮"，增强酒店在竞争中的适应能力，把握竞争的主动权。而增加酒店产品组合的长度和深度，就是增加了酒店产品的项目，有利于酒店挖掘潜力，增加服务品种，满足同类产品更多的细分市场的需要，满足更多顾客更加多元化的需求。增加酒店产品组合的密度，可以降低成本，为整体营销或整体开发提供方便，而减少产品组合的密度，则有利于酒店适应动荡的市场变化，不至于发生牵一动百的尴尬。

在此，以某酒店的产品组合为例对产品组合的广度、长度和深度进行简要的说明，见表5-1。

表5-1 某酒店产品组合

	某酒店产品组合		
	餐厅服务	客房服务	康乐服务
产品线的长度	中餐厅	普通单人间	健身
	西餐厅	普通双人间	桑拿
	咖啡厅	标准套间	KTV
	自助餐厅	豪华套间	美容美发
	宴会厅	总统套间	
	特色餐厅		

表5-1中，产品组合的广度为3，产品组合的长度为15，餐饮服务产品线的深度为6。

二、价格策略

价格是酒店产品价值的货币表现形式，是酒店进入市场的"介绍信"，也是酒店营销组合中唯一产生收入的因素。合理的定价和价格政策，可以影响生产领域的生产效率、流通领域的供求关系、消费领域的满意程度。因此，酒店要采用合理的价格策略来招揽顾客，既要避免因价格过低导致酒店发生损失，又要防止因价格过高造成"门可罗雀"的局面。

（一）定价原则

酒店产品的价格不仅包括有形产品的价格，还包括无形的部分，也就是各种服务的费用。制订价格策略是酒店营销组合策略中唯一不增加成本的部分。酒店制订的价格受多方面因素的影响，因而酒店要严格把握好制订价格的原则。

1. 反映酒店产品的真实价值

酒店在制订产品价格时，必须以酒店产品的价值为依据，价格必须真实地反映酒店产品的价值。

2. 适应市场的需要

酒店产品的定价应反映市场的供求状况，适应市场的需求。供不应求的产品可以把价格定高些，供大于求的酒店产品可以将价格定低些。当供求关系发生变化时，应对酒店的价格及时进行相应的调整。

3. 具有一定的灵活性

酒店必须根据淡季、旺季、平季来制订合理的产品差价。由于各地的旅游资源、设施设备、服务质量的不同，旅游的热点、温点、冷点也存在差异，从而导致酒店产品具有地区差异性。这就要求酒店经营者要根据自身的条件，制订一个比较灵活而且比较富有弹性的价格。对于不同的旅游者和人数不同的旅游团队也应采取不同的价格，如针对散客采用一般的门市价，针对团队采用团队价等。

4. 具有相对的稳定性

酒店的价格政策代表酒店在市场中的形象，如果变化过于频繁，就会给消费者带来酒店经营不稳的印象，甚至会挫伤市场潜在消费者的积极性，导致酒店产品的需求量大幅度下降。所以，酒店在调整其产品价格前，要向消费者进行通报，一般在调价前三个月向消费者通报，让消费者有一个心理准备的过程。

5. 服从国家政策等的规定

制订酒店产品的价格要以国家的政策、法令和有关规定，行业的相关法规和规定为依据，特别是要贯彻国家旅游发展的总方针。

（二）定价策略

定价策略是酒店企业进行价格决策的基本措施和技巧。一般来说，酒店通常用的定价策略有以下几种。

1. 心理定价策略

心理定价策略是指以顾客的心理因素作为酒店的定价依据，制订出合乎顾客心理的价格，以引导消费。具体来说有以下几种方法：

（1）尾数定价策略　尾数定价策略又称为奇数定价策略，是指酒店为迎合顾客的求廉心理，给产品制订一个以带有空头的数结尾的非整数定价策略，如3.99元，9.95元等，奇数定价策略可以给顾客一种价格低的印象，并能使顾客感觉酒店定价态度认真，从而对酒店产生信任感。餐饮产品的定价有时采取这种策略。

（2）整数定价策略　整数定价策略主要用于酒店高档产品的定价，如豪华套房、总统套房等。为满足一些特殊层次顾客的需要，价格尽量往上靠，凑足位数，如定800~900元，不如定1000元，这样通常可以满足一部分顾客的虚荣心。

（3）分级定价策略　分级定价策略是指酒店将产品按档次分为几级，每级定一个价格来满足不同消费层次的顾客的需求。档次高的，可给予高消费顾客以优越感；档次低的，可满足低消费顾客的求廉心理，便于顾客按需购买，各得其所。

（4）声望定价策略　声望定价策略是指凭借酒店在顾客心目中良好的信誉及顾客对名牌产品、高档次产品"价高必优"的心理，制订较高的价格吸引顾客购买。采用这种定价策略需要做详细的市场调查，酒店除考虑细分市场顾客的身份和消费实力外，还要考虑顾客年龄结构和顾客所能接受的最低、最高价格限度。尤为重要的是，产品的价格必须与产品质量相吻合，这样才能符合酒店的信誉，不伤害顾客的利益。

（5）招徕定价策略　招徕定价策略是酒店为了迎合顾客的求廉心理，暂时将少数几种产品减价来吸引顾客，以招徕生意的策略。其目的就是把顾客吸引到酒店中来，使其在购买这些低价产品时也购买其他产品。采用这种定价策略时必须注意，酒店的规模必须较大；降价的品种应是日常消费品；降价必须真正能够吸引顾客；降价产品的品种和数量要适当。

（6）差别定价策略　差别定价策略是指将同一酒店产品或者服务，定出两种或多种价格，运用到各种需求强度不同的细分市场上。在不存在竞争的情况下，决定差价的原因是能够获得实际利益，而又不至于造成顾客的不满。在有竞争的情况下，有些酒店运用差别定价策略，把最低等级价格定得低于竞争对手的价格，这样既能在竞争中处于有利的地位，又能获得较高的经济收益。

采用差别定价策略时应注意以下几点：

1）等级差价是按质论价原则的具体运用。酒店客房接待对象、面积、位置、朝向、结构、设备、装潢布置等的不同应该反映在价格的级差上。因此，价格分级应体现出客房的等级，要使顾客相信房价的差别是合理的。

2）等级差价的差价大小要适宜。有的酒店用固定差价法确定不同等级的房价，如有的差10元；有的则是用百分比，这样较低的几级房价间差额较小。显然后一种定价方法更加富有竞争性。

3）差别定价要与市场细分相联系。比如商务游客对价格挑剔较少，散客房价比团体房价要高10%～20%。因此，旅游酒店、商务酒店应根据各自的接待对象定出合乎实际的差价。

2. 折扣与折让定价策略

折扣就是按原定价格少收一定比例的现款，折让是在原定价格中少收一定的数量，二者实质是一样的，都是一种减价策略。酒店通过折扣与折让有意识地降低其基本定价，以达到争取顾客、扩大销售的目的。折扣与折让定价策略主要包括数量折扣策略、现金折扣策略、季节折扣策略、同业折扣与佣金策略。

（1）数量折扣策略　数量折扣策略是指酒店对那些大量购买某种产品的顾客给予一定的减价优惠策略。数量折扣也称批量折扣，即根据购买者购买数量的大小给予不同的折扣。一般来说，购买的数量越多，折扣就越大。实行数量折扣可以起到鼓励顾客增加购买量、与酒店建立长期合作关系的作用，同时也可降低酒店各环节的费用。

（2）现金折扣策略　现金折扣策略也叫付款期折扣策略，是对在约定付款期以现金付款或提前付款的顾客给予一定折扣的策略。其目的在于鼓励顾客尽早付款，加快酒店资金周转。顾客如以现金付款或提前付款，可以在原产品价格的基础上享受一定的价格优惠。实现现金折扣的关键是：

1）要合理确定折扣率。确定折扣率的基本原则是折扣率的上限必须低于酒店加速资金周转所增加的盈利率，其下限必须高于同期银行贷款利率。

2）确定允许顾客推迟付款的时间。

3）确定允许哪些顾客赊购。

4）对逾期未付款的顾客采取一定的措施。

（3）季节折扣策略　季节折扣策略是酒店在淡季给予顾客的折扣优惠。季节折扣也称季节差价。酒店产品的不可储存性迫使酒店想方设法去刺激淡季需求，折扣便是最有效最直接的办法。另外，西方的一些酒店制订了家庭房价，吸引家庭旅游者在淡季和周末时来酒店居住。

（4）同业折扣与佣金策略　同业折扣是酒店给予中间商（如旅行社）的价格折扣。加强与旅行社的合作是酒店营销工作的重要组成部分。酒店给予旅行社的佣金数额是决定旅行社是否向酒店介绍客源以及介绍什么档次客源的重要标准之一。西方许多酒店除了给旅行社优先订房权之外，还给予他们一定的折扣或佣金，具体做法有所不同。

采用折扣、佣金策略，会使酒店的平均房价下降，因此，酒店的经营管理人员必须在事前仔细地研究应采用哪些做法，并做出计划安排。只有在降价增销，所增加的营业收入高于所需的直接成本时，各种特殊价格才是可行的。

三、渠道策略

营销渠道又称为分销渠道，是指顾客产生消费动机进入酒店，到最终消费酒店产品这整个过程中所经历的路线以及相应的一切活动的总和。在市场经济条件下，市场的容量很大、很广，大部分酒店必须依靠一定的销售路线才能将产品转移到顾客手中。所以，营销渠道既是酒店产品商品化的必由之路，也是酒店产品和顾客的中介。而且，不同的营销渠道决定着营销活动的质量和效果。

（一）营销渠道的种类

酒店产品的营销渠道主要包括直接营销渠道和间接营销渠道两类。

1. 直接营销渠道

直接营销渠道是指酒店直接向顾客推销产品，顾客直接向酒店购买所需的产品。采用直接营销渠道的营销即为直接营销，也称无渠道营销。通过开展内部促销活动，越来越多的酒店产品开始实现直接营销。

2. 间接营销渠道

随着旅游市场国际化进程的加速，对酒店而言，其顾客分布开始出现全球化的趋势，要吸引这些分散的顾客，单靠直接营销渠道已经是不可能的，间接营销渠道的出现弥补了这一缺陷。许多酒店开始借助中间商等营销机构和个人在营销信息上的优势，开展营销活动。这种经由中间商实现产品交换的营销形式就是间接营销。

由于中间商介入的数量不同，间接营销渠道有不同的长度和宽度。间接营销渠道的长度是指产品从酒店到顾客这一过程中所流经的中间商的数量。中间商的数量越多，说明间接营销渠道越长。间接营销渠道的宽度是指在这一过程中所涉及的同类中间商的数量。同类中间商的数量越多，说明间接营销渠道越宽。

(二）营销渠道的设计

1. 影响酒店营销渠道构成的因素

（1）产品特征　酒店产品特性影响着酒店营销渠道的选择。如以商务设施为特色的商务酒店，适宜采用短渠道或直接营销渠道，而休闲度假类酒店的产品则通过旅行社代为销售。

（2）中间商特性　酒店营销渠道设计反映出不同类型的中间商在执行各种任务时所具有的优点和弱点。一般来说，中间商的作用因他们所做的工作（如促销、谈判、沟通联系、信息和能力等）不同而有所差别。

（3）酒店自身条件和经营目的　酒店自身的条件在渠道设计中起着非常重要的作用。酒店规模决定了它的市场规模，以及它所要求的中间商能力的大小，酒店的财力资源决定了它应该执行的营销能力和委托给中间商的职能。财力薄弱的酒店一般更多地依赖中间商，以减少营销开支。反之，财力雄厚的酒店在利用中间商的同时，也应重视加强自身营销渠道的建设。同时，酒店的产品组合及营销战略也将对渠道设计产生影响。

此外，酒店营销渠道设计还应与酒店的经营目的相一致。例如，豪华酒店希望维持高档形象，应尽可能减少对旅游团队的接待，而将营销重点放在大型商社或企业上。

（4）竞争者　酒店营销渠道设计也会受到竞争者的影响，可以采取与竞争者相似的渠道，也可以避开竞争者使用的渠道，要根据实际情况全面考虑。

（5）环境因素　经济条件和法律限制也会影响酒店营销渠道的设计决策。

2. 确定酒店主要营销渠道选择方案

在酒店的营销渠道决策上，渠道的选择是一大问题。要选择最佳的渠道，酒店的管理人员应首先确定好渠道目标。确定渠道目标包括确定市场重点及中间商应发挥的作用等。当酒店明确其渠道目标后，接下来就要确定主要渠道的选择方案。主要渠道选择方案通常由三种因素构成：中间商类型、中间商数量和每个渠道成员的责任。

酒店经营管理人员应该识别出适合经营其业务的中间商类型，并研究能否找到更好的营销渠道。酒店必须对在每个渠道层次中要使用的中间商数量做出决策，一般有三种可选策略：

（1）广泛营销渠道　即尽可能通过不同的甚至是相互竞争的销售点或分销商进行销售。它的优点是销售量大，但由于有大量的中间商，可能会使价格偏低，对中间商的控制也可能会比较困难。

（2）选择性营销渠道　即选择较好的中间商，以少数中间商创造大销售量的市场。选择这种渠道有三点好处：一是有利于酒店和中间商之间互相配合和监督，共同对顾客负责。对于中间商来说，如果经营不利、效率不高，就有可能被酒店淘汰，这对他们来说是一种压力和督促。而对于酒店来说，由于产品和服务集中于几家中间商，每一家购买数量都相当可观，如果产品和服务质量下降，中间商会对酒店不满，这对酒店也是一种督促。二是由于中间商数量较少，酒店和中间商可以配合得更加默契，从而建立起密切的业务关系。三是由于酒店与中间商相对固定，因而能增强双方的市场竞争能力。

（3）独家营销渠道　即酒店在某一地区市场只选择一家中间商。独家分销双方一般签订有书面协议，规定在这个地区内酒店只对选定的中间商提供产品和服务，而中间商也不能再经营其他竞争性的产品与服务。

选择独家营销渠道有以下好处：一是双方能够密切配合和协作；二是手续简化，交易成本低；三是容易控制渠道；四是有助于提高产品与服务的形象，得到更多的利润。但它也存在一些不足：一是营销面窄，可能失去更多的顾客，引起销售额下降；二是过分依赖单一的中间商，市场风险加大；三是难以找到愿意合作又合适的中间商。

酒店和中间商需要在每个渠道成员的责任上达成协议，应该在价格政策、销售条件、区域权利和每一方应执行的具体服务方面取得一致意见。酒店应该为中间商制订价格目录和公平折扣系列，必须划定每个渠道成员的经营区域。在制订相互服务与责任条款时必须谨慎行事，在特许经营和独家代理方面尤其应该如此。

四、促销策略

在市场营销组合中，促销是一个重要因素，其实质是卖方和买方之间的信息沟通。促销的目的在于刺激顾客消费。在现代酒店业快速发展条件下，酒店促销有着极其丰富的内容和极为重要的作用。在营销组合策略中占有重要地位。促销方式主要包括人员推销、广告、营业推广和公共关系四个方面。由于它们具有不同的特点，因此需要在实际促销活动中组合使用。各促销方式的不同组合和搭配形成不同的促销策略，作用各不相同。

（一）促销和促销策略

促销是指酒店将有关酒店或产品的信息，通过各种宣传、吸引和说服的方式，传递给目标消费者，使其了解并信赖产品所蕴含的丰富效用，引导他们购买，以达到扩大销售的目的。

促销策略就是对促销对象或领域、促销任务、促销目标、促销效果、促销投入、各种限制条件等进行科学的选择、配置、控制和分析，使信息宣传、沟通手段和过程系统化、规范化，尽量提高促销活动的效果、效率，使之低投入、高产出。

（二）酒店促销组合

促销作为酒店与市场进行信息沟通的主要方式，涵盖多方面的内容，但归纳起来，一般分为两类：人员推销和非人员推销。人员推销是酒店通过人员与消费者口头交谈来传递信息，说服消费者消费的一种营销活动，它是一种古老的营销方式。在现代信息高速传播的条件下，各种促销方式层出不穷，但人员推销仍然占据重要地位。非人员推销是指借助于其他媒体形式，间接向消费者介绍和传递商品信息的营销活动，它是随着商品经济的发展而逐渐发展起来的。非人员推销一般有三种形式：一是广告，它是通过广告传播媒体向消费者宣传产品、服务的促销方式，其特点是在推销员达不到的地方，向消费者宣传商品，即通过非酒店所有的媒介向市场传递信息；二是营业推广，它是为了刺激消费者立即采取购买行为而采用的一种促销方式；三是公共关系，它是为了使潜在消费者对酒店商品产生好感，扩大酒店的知名度，面向广大消费者制造舆论而进行的公关宣传。公关宣传的媒介与广告相似，但广告是有偿报道，而公关宣传则是无偿地向公众提供信息。

由于各种促销方式都有其优点和缺点，在促销过程中，酒店常常将多种促销方式同时使用，这就是促销组合。所谓促销组合，就是酒店根据产品的特点和营销目标，综合各种影响因素，对各种促销方式的选择、编配和运用。促销组合是制订促销策略的前提，在促销组合的基础上才能制订相应的促销策略。

不同的促销方式具有不同的特点，酒店要想制订最佳促销组合策略，就必须对促销组合进行选择。在选择最佳促销组合时应考虑下列因素。

1. 促销目标

促进销售的总目标是通过向消费者进行报道、诱导和指示，促使消费者产生购买动机，影响消费者的购买行为。在总目标既定的前提下，针对特定时期的特定产品和服务，还应确定具体的促销目标。总之，在进行促销组合时，要根据具体而明确的促销目标对不同的促销方式进行适当的选择，组合使用，从而达到促销目标的要求。

2. 产品性能

不同性能的产品和服务，面对的消费状况以及消费要求不同，因而采取的促销组合策略也有不同。其中，公共关系、营业推广两种方式在促销活动中对不同性能的产品和服务的反应相对比较均衡，应根据具体情况而定。

3. 市场特点

目标市场的特点是影响促销组合的重要因素，对于不同的市场，应当采用不同的促销组合。把高级商务顾客作为主要目标市场，或把旅游团队作为主要目标市场，或把会议顾客作为主要目标市场，所采用的促销组合必然不同。酒店应充分发挥各种促销方式的优势，选择恰当有效的促销方式。

4. 促销预算

在考虑促销组合时，必须从自身的能力出发，即采用何种方式的促销组合，在客观上要受到促销预算的制约。促销预算是酒店确定促销组合时必须考虑的重要因素，一般以营业额为基准，即按照本年度的营业额或按照下年度的计划营业额的一定比例来确定，也可以主要竞争对手的促销预算为依据制订酒店的促销预算。但无论采用何种形式，酒店都需要考虑自身的能力，即酒店应有足够的财力来承担促销任务，既要达到促销的目的，又要避免浪费。

产品策略、价格策略、营销渠道策略和促销策略，共同决定着酒店营销活动的成败。酒店应加强对这四大策略的有效实施和控制，提高整体营销效果。

案例分析

"酒店帝王"希尔顿服务营销之人员管理案例分析

希尔顿酒店曾经低迷的状况得以解决主要原因在于内部营销。企业首先将员工当作内部市场，从员工开始培养一种品牌意识和品牌价值，让员工获得品牌认同感。在实施中，管理层十分重视内部员工的态度管理和沟通管理，大量的电话会议和沟通工作使得内部营销得以充分展开。同时，在做好培训与内部沟通的前提下，做好人力资源管理工作，通过完善的薪酬体系和奖惩措施对员工进行管理以实现内部营销的目标。霍尔特豪泽对市场研究后进行市场细分，将希尔顿酒店定位在一个细分市场，与其他品牌区分开，发挥企业潜能并吸引、发展和维持了"内部顾客"。

希尔顿酒店在自己的经营过程中，整理出的极具价值的管理原则中的一条便是：虽为同一系统，但各自还应保持自己独特的风格，以与其所在的城市或国家相适应为主。最重要的则是选一位好经理，对他充分授权。

人们宁肯多花一点钱，也乐意住进希尔顿所开设的酒店。因为在那里人们的确能享受到一流的服务。住过希尔顿酒店的人都会发现,那里的员工,普遍对工作兢兢业业,认真负责,态度和蔼,彬彬有礼。希尔顿曾坦率地说过:我的确希望我所有的员工都富裕一些,都能够作为酒店的主人,尽心尽力地工作。而要做到这一点,最有效的方法是鼓励各部门的经理及所有员工向本店投资。当酒店的成败与员工的个人利益连在一起时,谁都会干得更出色。目前,分布在世界各地的200多家希尔顿酒店中,大约有员工4万余人。其中的许多经理和高级职员,都是从侍者等经过基层工作的人员中,逐步提拔起来的。由于这些人有较为丰富的经验,而且不少人都是酒店的小股东,所以经营管理工作做得特别出色。这也是希尔顿管理企业的一个特点。他对提升的每一个人都很信任,放手让他们在职业范围内发挥聪明才智,大胆负责地工作。

分析提示

一、实施服务授权

实施服务授权、减少管理层次。实施服务授权是提升服务质量的有效途径。为了提升服务质量,希尔顿建立了倒金字塔形的组织架构,一线员工在倒金字塔顶端,而执行层、管理层、决策层依次向下排列,并向操作层进行授权。

在希尔顿酒店,员工与客户直接接触,是最为重要的环节。希尔顿对员工进行了充分的授权,使他们在面对问题的时候有权利做出决定。

而传统金字塔形组织架构当中,一线员工最没有权利,当发生服务纠纷之时,他们需要层层向上汇报。当更高层级做出决定之后,命令再向下传达,而顾客需要的是快捷的解决方式。在这样一个过程中,顾客对公司的不满和投诉非但不会减少,还有可能增加。希尔顿酒店平均给每个员工2000美元的授权,这不但给员工不小的自由空间,还提高了酒店的经济效益。

希尔顿酒店强调在规范服务的基础之上,也要强调个性化服务。为了保证服务质量,希尔顿酒店对员工素质有明确的要求:希尔顿酒店的员工除了有较高的专业技能和职业道德外,还要有很强的心理承受能力、分析判断能力、应急处置能力。特别是善于站在顾客的立场上进行"换位思考"善解人意,了解、理解、体贴顾客。可以说,高素质的员工为希尔顿酒店的服务体系创造并奠定了坚实的基础。

人本管理之道。不同的顾客,可能有不同的需求,希尔顿酒店如何保证每一位顾客都满意呢?希尔顿创造性地采用人本管理,发挥每位员工的主动性和创造性。人本管理理念的核心是:一方面把员工作为企业经营的主体;另一方面,将员工作为企业建设的支撑点。从创立之日起,希尔顿酒店就认为:只有有主人翁意识的员工,才能真正做到"顾客至上"。正如一位希尔顿酒店的经理所说:"没有满意的员工,就没有满意的顾客和良好的服务环境。"今天的希尔顿酒店已经将人本管理看作企业的核心经营理念,并推出了具有自身特色的柔性管理策略。

二、员工绩效管理与激励

员工绩效就是员工根据企业的要求和期望、工作的权限和职责,通过自身的努力而创造出的工作成果及影响。绩效管理可以帮助员工创造绩效、保持绩效及提高绩效,从而提高企业的整体经营效率;另外,全面的考核员工,可以激励员工并为使用员工中的人才提供依据。绩效管理把员工的工作活动和组织目标联系起来,确保员工发挥能力达到企业预定的目标。而员工激励则可以使员工的积极性得到充分的调动，使他们付出的努力增加。

希尔顿对员工从多方位进行绩效评估，人事主管和培训主管每隔一定的时间就对员工进行专业技能的培训和评估、奖励员工。长期如此以保证员工保持高涨的工作情绪和高质量的服务。

1. 使命、价值和荣誉的方式

希尔顿酒店的价值观是"微笑服务、宾至如归"。希尔顿酒店的老板经常问员工："你今天对顾客微笑了没有？"酒店向员工传达这种价值观，让他们相互信任、有集体荣誉感和自我约束力，让员工为成就和荣誉而感到骄傲，共享价值。

2. 流程和尺度方式

希尔顿有自己的业绩衡量标准——平衡计分卡的KPI指标体系。构建了财务、顾客、内部运营、创新学习和成长、风险、社会贡献六个维度及其指标体系，科学合理地评价酒店战略管理业绩，让员工知道酒店要他们做什么，知道如何衡量业绩以及这样做的原因。

3. 创新精神方式

让员工有个人自由，行为规范更少，选择自己的工作活动。比如希尔顿酒店就同意可以让员工穿着自己喜欢的衣服去服务顾客。

4. 个人成就方式

对员工的工作给予肯定，对于有能力的员工给予晋升的机会。例如，北京希尔顿逸林酒店对于表现好，工作能力强的员工提供优先于外部申请者的晋升机会。

5. 奖励和庆祝方式

设立各种奖项对成就进行奖励和庆祝。北京希尔顿逸林酒店设有优秀奖，工作表现奖，对员工进行奖励。

三、员工管理不足之处及具体建议

问题一：物质激励有所欠缺

酒店要想提高员工的工作积极性，员工报酬是很重要的一点，物质需要始终是人们的基本需要。

意见与建议：增加物质激励，提高员工对企业的忠诚度。

问题二：缺少对员工的参与激励

正如拿破仑所说，"不想做将军的士兵不是一个好士兵"，现代的员工都有参与管理的要求和愿望，创造和提供一切机会让员工参与管理是调动他们积极性的有效方法。但部分酒店，管理层在例会上听取意见后不予理会，使员工产生不良情绪。

意见与建议：

（1）管理层面 酒店内部运作上实行透明化管理。通过完善管理制度，努力让酒店员工了解酒店经营管理的全过程，让员工成为主动参与者和真正的管理者，调动员工参与酒店管理的积极性，增强员工的主人翁意识，提高员工满意度。

（2）内部沟通层面 健全完善酒店内部沟通机制，提高员工满意度。完善酒店会议制度，有效地进行组织内部沟通，提高酒店内部沟通的效率与效果。积极倡导酒店内部员工与员工之间、员工与管理层之间的非正式沟通，如员工可通过电子邮件、网络在线互动等方式向酒店管理层提出工作上的意见及建议。通过这种非正式的方式，倡导员工说出心中的想法，并通过灵活多样的渠道将信息传递给管理层，从而减少或防止酒店管理层与员工之间的信息脱节问题。同时酒店应大力支持员工之间或部门之间组织的集体出游、小型聚会等，通过丰富的非正式沟通渠道，让员工与员工之间、基层员工与酒店管理层之间的距离缩短，增加员工对酒店文化的认同感与归属感，进而提高员工对酒店的整体满意度。

案例分析

某酒店的一次别开生面的营销活动

目标市场定位：至今仍单身的高薪阶层、高级白领，随后向社会中级阶层进一步推广。

活动口号：今年情人节，告别单身汉。

具体活动：

2月13日：

1）参与者上午入住酒店，并带上由酒店独家制作的单身戒指，代表他参与这个活动：正单身、寻找爱情的信号。

2）中午在室内进行烧烤聚会，参与者自我介绍、互相熟悉。此时，由女生一一选出心仪对象，完成第一次男女速配。

3）分开活动至晚餐前，配对双方可自由的互相了解，游憩地点可以是酒店咖啡厅、康乐中心或是影院等。

4）在酒店酒吧进行晚间的化装舞会，同时也供应自助餐，参与者盛装出席，凭单身戒指入场，有才艺的可以凭借此机会上台展示，也可以在一旁默默关注，寻找自己心中的伴侣，同时也是速配成功的男女进一步互相了解的好机会。

5）半夜，向天空放飞爱心状的天灯（孔明灯），双手合十，许下心愿，同时酒店配合燃起烟花，完美的一天顺利结束。

2月14日：

1）上午继续进行游艺活动，有"K歌之王"和"背着女友跑"两项比赛活动，优胜者都可以获得酒店提供的免费入住酒店客房一晚，客房标准由优胜者自选。

2）午饭则是简单的自助餐，让参与者在轻松的氛围中继续点燃自己的爱火。

3）午饭后，由男生选择女生，完成第二次男女速配。

4）由陶艺老师教情侣们动手制作手工陶艺，作为情人节礼物。

5）晚餐前，最终是爱情大告白。

6）配对成功者可以继续留下，享受酒店为其提供的情人节大餐！之后向许愿树许愿，在"天涯海角"的墙壁上锁上他们的爱情锁，拍照留念，爱情长长久久。

分析提示

酒店的营销策略

一、产品特色策略

符合单身青年寻找伴侣的个性化和多样化需求，戴上由酒店独家打造的单身戒指，体现了自己仍单身、对爱情及美满生活的渴望，而情人锁则是见证了成功配对的情侣感情长长久久，有缘人因此终于结缘。

二、销售渠道

直接销售渠道：直接上酒店现场报名。

间接销售渠道：各旅行社、旅游集散中心等机构报名。

三、价格策略

1. 新产品价格

在介绍期，用高价策略，给参与者一种价高质必优的优越感，同时也会让高薪高地位阶层的单身贵族对此感兴趣，让他们感受到找朋友的快乐，同时也不会觉得这种"相亲"活动会降低了自己的地位。而酒店也会在短期内获得较大利润。而当产品逐渐进入成熟期，则可以适当地降低价格，尽量扩大市场份额，也可以按参与者的社会阶层档次，分成不同品质不同价格，以满足不同人群的需求。

2. 心理价格

处于新产品介绍期的主要市场人群是高薪阶层，建议整个活动定价用声望定价策略，既提高了新产品的身价，也承托了参与者的身份地位，给人以心理上的满足。而成熟期后，可用折扣定价策略。例如，一个医院的单身医生一起报名，可以量大从优，从价格上打折扣。

3. 广告促销策略

传单、住房促销（房客报名优惠）、报纸杂志、成功配对的第一对第一百对等以此类推为产品代言人等。

4. 网络营销

酒店官网、与各大情人节有关的网站合作。

阅读资料

一次，"酒店大王"希尔顿在盖一栋新酒店时，突然出现资金困难，无法继续盖下去了，在银行又贷不到款，他急得团团转。

突然，他想到了一个妙计：找那位卖地皮的商人！要他给自己"免费"盖酒店！你是不是也觉得奇怪呢？哪有人傻到卖地皮给你，然后还把楼给你盖好的？但是希尔顿做到了！

希尔顿直接跟那个地产商说，他没钱继续盖酒店了！地产商漫不经心地说："那就停工呗！等有钱了再盖吧！"

希尔顿回答道："这个我自然知道，但是，假如我的酒店总拖着不盖，恐怕受损失的不只我一个吧！说不定你的损失比我的还要大呢！"

地产商纳闷了，你盖酒店与我何干？希尔顿接着说："你知道，自从我买你的地皮盖房子以来，周围的地价已经涨了好几倍。如果我的酒店突然不盖了，你的这些地皮的价格就会大受影响！如果有人再宣传一下，我的酒店不盖了，是因为这个地方不好，准备另迁新址，那又会怎样呢？"

"那你想怎么样？"地产商紧张起来。

"很简单，你将房子盖好再卖给我，我当然会付钱给你的，但是不是现在给，而是从我的利润里分期支付！"

地产商虽然很不情愿，但是考虑到整体利益，还是决定做一回"傻子"，就决定盖这栋楼了。

在很多人眼里，这本来是一件完全不可能做到的事情，让地产商给自己盖酒店，还等赚了利润再给钱，简直是完整版的"借鸡生蛋"，希尔顿却做得天衣无缝又合情合理。

我们需要有意识地学习这种心灵的突破，来实现思路的突破。

只要思想不滑坡，方法总比问题多。永远为成功找方法。

心若改变，态度就会改变；态度改变，习惯就改变；习惯改变，人生就会改变。

回顾复习

1. 前厅部的工作程序是怎样的？
2. 如何处理顾客投诉？
3. 餐饮部管理的基本方法有哪些？

思考练习

1. 现代酒店市场营销的概念是什么？
2. 现代酒店市场营销的策略有哪些？

第六章　现代酒店人力资源管理

学习目标

- 掌握人力资源的概念
- 酒店人力资源的规划
- 酒店人力资源的培训与开发

第一节　现代酒店人力资源管理概述

一、人力资源的概念及其特征

（一）人力资源概念

人力资源（Human. Resource，HR）有三个层次的含义，指在一个国家或地区中，处于劳动年龄、未到劳动年龄和超过劳动年龄但具有劳动能力的人口之和，或者表述为一个国家或地区的总人口中减去丧失劳动能力的人口之后的人口。人力资源也指一定时期内组织中的人所拥有的能够被企业所用，且对价值创造起贡献作用的教育、能力、技能、经验、体力等的总称，又称劳动力资源或劳动力，是能够推动整个经济和社会发展、具有劳动能力的人口总和。

人力资源的基本方面包括体力和智力。如果从现实的应用形态来看，则包括体质、智力、知识和技能四个方面。具有劳动能力的人，不是泛指一切具有一定的脑力和体力的人，而是指能独立参加社会劳动、推动整体经济和社会发展的人。所以，人力资源既包括劳动年龄内具有劳动能力的人口，也包括劳动年龄外参加社会劳动的人口。

（二）人力资源特征

人力资源是一种特殊而又重要的资源，是各种生产力要素中最具有活力和弹性的部分，它具有以下的基本特征。

1. 生物性

与其他资源不同，人力资源属于人类自身所有，存在于人体之中，是一种"活"的资源，与人的生理特征、基因遗传等密切相关，因此具有生物性。

2. 时代性

人力资源的数量、质量以及人力资源素质的提高，即人力资源的形成受时代条件的制约，因此具有时代性。

3. 能动性

人力资源的能动性是指人力资源是体力与智力的结合，具有主观能动性，具有不断开发的潜力。

4. 两重性

两重性（双重性）是指人力资源既具有生产性，又有消费性。

5. 时效性

人力资源的时效性是指作为人力资源的组成部分的知识和技能，会随着时间的推移而陈旧、老化、过时，失去其应有的效用。所以说，人力资源的形成、开发、配置和使用具有很强的时效性，如果长期不用，就会荒废和退化。

6. 连续性

人力资源是可以不断开发的资源，不仅人力资源的使用过程是开发的过程，培训、积累、创造过程也是开发的过程。

7. 再生性

人力资源是可再生资源，它的可再生性主要表现在两个方面：一是人口的可再生产性和劳动力的再生产性。随着人类的不断繁衍，新生劳动者会不断形成。劳动能力也会在劳动过程中消耗后，通过休息和补充营养物质再次循环产生。二是知识和能力的可再生性。人类资源是可以"多次开发"的资源。对一个具体的劳动者来说，在他的职业生涯结束之前，都是可以开发的资源，可以通过培训、积累、创造等过程，实现其知识、技能的更新与素质的提升。人的劳动力不仅可以在劳动中产生，也可以通过培训学习再次形成。

二、人力资源管理

人力资源管理是指根据企业发展战略的要求，有计划地对人力资源进行合理配置，通过对企业中员工的招聘、培训、使用、考核、激励、调整等一系列过程，调动员工的积极性，发挥员工的潜能，为企业创造价值，给企业带来效益，确保企业战略目标的实现，表现为企业的一系列人力资源政策以及相应的管理活动。人力资源管理就是预测组织的人力资源需求并做出人力需求计划、招聘选择人员并进行有效组织、考核绩效、支付报酬并进行有效激励、结合组织与个人需要进行有效开发，以便实现最优组织绩效的全过程。学术界一般把人力资源管理分八大模块或者六大模块，六大模块包括：①人力资源规划；②招聘与配置；③培训与开发；④绩效管理；⑤薪酬福利管理；⑥劳动关系管理。下面诠释人力资源管理六大模块的核心思想所在，帮助企业主掌握员工管理及人力资源管理的本质。

（一）人力资源规划

结合企业发展战略，通过对企业资源状况以及人力资源管理现状的分析，找到未来人力资源工作的重点和方向，并制订具体的工作方案和计划，以保证企业目标的顺利实现。工作内容包括：对企业人力资源管理现状信息进行收集、分析和统计；企业人员供给需求分析、企业组织机构的调整与分析；依据分析数据和结果，结合企业战略，制订未来人力资源工作的方案；人力资源管理费用预算的编制与执行，企业人力资源制度、政策的制订与完善，从而使企业人力资源供给和需求达到平衡，实现人力资源合理配置。

（二）招聘与配置

按照企业经营战略规划的要求，把优秀、合适的人招聘进企业并进行有效的配置，把合适的人放在合适的岗位。工作内容包括：需求分析、预算编制、招聘方案的拟定；发布和管理招聘信息；筛选简历、面试通知、面试的准备和组织协调；面试过程的实施，分析和评价面试结果；确定最终人选以及通知录用；面试资料存档备案，存档档案管理并及时更新；招聘渠道的开拓与维护，招聘会的联系及相关物料的准备；不断完善招聘制度、流程和体系。

（三）培训与开发

组织有效培训，以最大限度开发员工的潜能。对于新进员工，帮助其尽快适应环境并胜任工作；对于在岗员工，帮助其掌握岗位所需要的新技能。培训内容有企业文化培训，规章制度培训，岗位技能培训，以及管理技能开发培训等。工作内容包括：了解公司内部培训需求，编制培训规划，开发培训课程，建立、完善培训体系；组织编写培训材料，开发利用培训辅助设施；设计培训评估体系并跟进培训后的效果反馈；指导各相关部门贯彻落实各项培训项目；控制培训支出；管理培训师，监督、评价其工作方法及工作效果；跟踪外部培训市场变化，联系各类培训机构，发掘并利用外部培训资源，办理好员工外部培训有关事宜。

（四）绩效管理（考核与评价）

借助一个有效的绩效管理体系（包括科学的考核指标，合理的考核标准，以及与考核结果相对应的薪资福利支付和奖惩措施），有目的、有组织地对日常工作中的人及其工作状况、工作结果进行观察、记录、分析和评价，体现人在组织中的相对价值或贡献程度。工作内容包括：建立有效的绩效管理体系，制订和修订绩效考核方案；具体负责月度、季度、年度考核的组织、统计、分析、应用、归档等工作；负责核查员工绩效考核结果，并对异常结果进行纠偏；定期对公司绩效管理办法进行修正；受理员工绩效考核投诉。

（五）薪酬与福利

通过对现有薪酬的分析，建立薪酬政策，建立科学合理的薪酬架构，在合理控制成本的前提下，提高公司薪酬的有效性。工作内容包括：薪酬调查，制订有竞争力的薪资福利体系，以及合理的薪酬结构、薪酬分级、薪酬策略；适时调整公司薪酬方案、经营业绩考核方案和员工加薪奖励方案；编制薪酬福利预算；薪酬制度的控制和管理；日常的工资核算、工资福利发放。

（六）劳动关系（员工关系）管理

建立、维护和改善公司与员工的关系，促进普通员工和管理层的沟通，协调员工内部的关系。工作内容包括：企业文化价值观的维护、宣传、引导，文康活动和组织的推动，例如，策划和组织形式多样的活动、聚会，定期出版刊物；员工婚、丧等事情的处理，各种异常突发事件处理；员工申投诉受理，企业内部劳资冲突和劳动争议的处理，提供法律和心理方面有关的咨询服务援助；员工奖惩与纪律执行；员工健康维护与管理；协助开展员工满意度的调查，开发、构建公司与员工、员工与员工之间的沟通渠道；员工劳动关系管理（劳动合同与工伤社保管理）。

第二节　现代酒店人力资源管理的内容

酒店人力资源管理的核心是酒店的经营战略、经营目标，涉及两个方面的问题：人和事，即"人尽其才，事得其人"。酒店人力资源管理包括了三大支柱：岗位管理、绩效考核和薪酬体系，其根本使命就是要保证在需要的时候，为酒店提供合格的人力资源，因此，选、用、育、留，是人力资源管理的四大任务。酒店人力资源管理的灵魂有三个基本点：第一是效益；第二是激励；第三是关系。即是否有助于酒店效益的提升，有助于酒店战略目标的实现；是否有助于对员工产生激励；是否有助于酒店和谐关系的建立。

一、人力资源规划

不管是什么星级的酒店，人力资源规划对其未来的发展都会起到极为重要的作用。人力资源规划是指透彻了解酒店现有的人力资源基础，结合强大的数据基础，准确预测酒店未来发展对各类人力资源的数量、质量、结构等方面的要求，结合市场供需状况确定酒店人力资源工作策略，制订确实可行的人力资源规划方案。

酒店人力资源规划的作用表现在：确保酒店生存发展过程中对酒店人力资源的需求。酒店是一个人员流动性较高的行业，据中国旅游协会人力资源开发培训中心对全国二星和三星级的酒店进行的一项调查显示，旅游饭店人员流动率达到了23.95%，部分酒店人才流失率竟达到了45%以上。

（一）外部人力资源供给预测

人力资源供求预测就是人力资源的供给和需求预测，是人力资源规划的核心，也是技术要求最高的部分，因此供给预测要具有准确性。

做好外部人力资源供给预测，需要掌握以下信息：本地区人口总量与人力资源比率；本地区人力资源总体构成；本地区的经济发展水平；本地区的教育水平；本地区同一行业劳动力的平均价格与竞争力；本地区劳动力的择业心态与模式；本地区劳动力的工作价值观；本地区的地理位置对外地人口的吸引力；外来劳动力的数量与质量；本地区同行业对劳动力的需求等。

（二）内部人力资源供给预测

酒店的人力资源需求预测主要是基于酒店的发展潜力和发展战略目标的实现规划。人力资源部门必须了解酒店的战略目标分几步走，每一步需要什么样的人才和人力做支撑，需求数量是多少，何时引进比较合适，人力资源成本分析等内容，然后才能够做出较为准确的需求预测。

需求分析的主要任务是分析影响酒店人力资源需求的关键因素，确定酒店人力资源队伍的人才分类、职业定位和质量要求，预测未来三年人才队伍的数量，明确与酒店发展相适应的人力资源开发与管理模式。

（三）环境对酒店人力资源规划的影响

分析酒店所处的外部环境及行业背景，找出对于酒店未来人力资源的影响和要求；对酒店未来发展目标，以及目标达成所需采取的措施和计划进行澄清和评估，提炼对酒店人力资源的需求和影响。

应对环境变化，从人力资源规划的角度入手，首先要分析酒店内部环境的变化。人力资源规划可以了解酒店对人才的需求和空缺，以此制订招聘、培训计划，来应对酒店内部人员的流动与晋升。

其次，分析酒店的外部环境。酒店可以通过人力资源规划了解目前行业市场的紧缺人才是哪部分，从而及时地开展招聘，为酒店储备核心人才。

（四）及时掌握核心数据

整理酒店人力资源政策数据、酒店文化特征数据、酒店行为模型特征数据、薪酬福利水平数据、培训开发水平数据、绩效考核数据、酒店人力资源人事信息数据、酒店人力资源部职能开发等数据。从以上数据中提炼出所有与人力资源规划有关的数据信息，并且整理编报，为有效的人力资源规划提供基本数据。

（五）岗位分析作为人力资源规划成功的关键

岗位设置及分析是人力资源规划不可缺少的步骤。酒店通过制定岗位说明书并进行岗位设置，可以调动员工的积极性，更好地发挥员工的潜能，提高工作效率，还有利于定岗定员。

分析空缺岗位的需求，然后确定与标准岗位性质相同的附属岗位，以便获得相关经验。因此，在对岗位做好分析界定后，才能对此做出要求。需要了解岗位完成的任务，解决的问题及需要的知识、经验和技能，以及对人员素质的要求。无论是进行选拔、培训，还是确定薪金，都需要了解某项工作有何具体要求，需完成哪些任务，以及这项工作需处理的问题所涉及的范围和复杂程度如何。

综上所述，酒店人力资源规划对酒店未来的发展是不可缺少的工作，相当于给酒店定下了一个目标，让酒店的工作人员有了努力工作的动力。人力资源规划使组织稳定地拥有一定质量和必要数量的人力资源，并且使得组织的人员需求量和人员拥有量同组织的未来发展相互匹配。

二、招聘与配置

酒店管理者在为酒店招聘时，首先要考虑的是酒店本身的需要。俗话说"只买对的不买贵的"，虽然招人不是买东西，可实际上道理是相同的，也就是说高学历的人不一定就有高能力，不是名校出来就不能做好工作，只要找一个符合酒店需要的就人行。也就是酒店需要什么样的人才，就招聘什么样的。招聘什么样的人主要看需要什么样的人。

（一）人员招聘

人员招聘是指组织及时寻找、吸引并鼓励符合要求的人，到本组织中任职和工作的过程。

人员的招聘应遵循以下的原则：
1) 双向选择。
2) 平等竞争。
3) 效率优先。
4) 遵守法律。
5) 因事择人。
6) 重能力、重动机。
7) 用人所长。
8) 任人唯贤。
9) 能力阈限。

（二）人力资源配置

酒店人力资源配置是指将酒店人力资源投入到各个局部的工作岗位，使之与物质资源相结合，形成现实的经济活动。酒店人力资源的科学配置是酒店人力资源生产与开发之后的关键坏节，也是酒店人力资源经济运动的核心。

酒店人力资源配置问题，是酒店现实经济管理的重大问题，为经济学家和经济管理人员，尤其是宏观和微观经济决策者所高度关心。资源配置的有效性，除了自然资源、人力资源和资本资源的条件外，关键就是对各种资源的配置。

基于合理配置人力资源的重要性，人力资源在进行配置时应遵循一个重要的原则——"人"与"事"相适应性，即

1) 人适应工作，即职务要求固定化。
2) 工作适应人，即人员特征固定化（通过职务设计为任职人员提供一个适合他的工作）。

三、培训与开发

提高酒店员工培训的效率，将培训作为酒店人力资源管理的重要环节之一，在日趋激烈的酒店市场竞争中引起经营管理者的重视。我国近年来酒店业的培训工作，其总体效果总是

不尽人意，培训工作效率低下，严重影响了酒店人力资源的有效管理，甚至影响到酒店的服务质量以及其竞争力，因此，必须加快提高酒店员工培训的效率，实现人员的有效开发。

那么，如何才能提高酒店人员培训的效率，主要做到以下两点：

（一）提高认识，重视培训工作

培训工作是酒店管理的重要内容之一，酒店无论大小，都离不开培训。现在几乎任何一个酒店管理者都认识到，现在以及将来的酒店竞争，实质上就是员工素质竞争，谁能拥有具有竞争能力的大批人才，谁就能掌握竞争的主动权，而获得人才的途径之一就是对现在的职工进行教育培训。因此，对培训的认识要不断的提高，不管是管理层还是普通员工都要重视培训工作，并能随着环境的变化不断重新强化这一观点。

（二）丰富培训内容，强化软技能培训

酒店的核心竞争力就是酒店的服务，而决定服务质量的关键因素是员工，所以员工的培训内容决定着酒店的发展。为把员工培训成为"比绅士还绅士，比淑女还淑女"，必须严格建立丰富而且全面的培训内容。丰富的培训内容应包括素质能力培训、工作技能培训、软技能培训三个层次，并形成一个递进的关系，使得培训内容不断丰富、充实。

1. 素质能力培训

一个员工具备了良好的素质，真正融入工作中，在工作中就能充分发挥自己的潜能，创造有利价值。就目前酒店培训状况来看，在素质能力培训方面虽认识到其重要性，但并没有转移到实际工作中去。素质能力培训包括职业道德、服务意识、法律知识、礼仪、安全知识、食品卫生几个方面，其中职业道德和服务意识是基础，其他几个方面是重要组成部分。

2. 工作技能培训

工作技能培训是为了使员工更好地完成本岗位工作，针对提高员工的业务工作能力而采用的提高该岗位工作技能的培训，是现代酒店培训体系中最基本的培训内容。它包括基本技能培训与特定技能培训。基本技能的培训主要包括岗位职责、操作程序、技能、应变技巧等内容。特定技能培训即进行有特色的技能培训，如酒店开展情感服务培训、化妆礼仪培训等。

3. 软技能培训

软技能培训包括企业文化的培训、团队精神的培训和创新能力培训。

4. 建立和完善培训保障体系

首先要建立完善的培训队伍。培训者的选择与培训效果有着直接的关系，一个优秀的培训者能积极调动员工的学习积极性，对培训效果起到一定的促进作用。对于相当多的酒店来说，培训者基本上由各部门主管兼任，这种培训方式的优点是培训者对被培训者的优缺点及需要加强的知识点了解较透彻，易做到对症下药，但容易受到自身知识面及结构的限制，很难对员工进行技能及知识等方面的全面更新并使其有大的进步。因此，酒店在采用一线主管给员工进行培训的同时，也应加强专职培训师的培养。专职培训师应从企业内部选拔优秀员工担任，同时应考虑其学历、知识结构等方面，以衡量其能否胜任这一角色。其次，对培训者同样应不断培训，可让其参加高校学习，或参加专职培训公司组织的培训课程，让其在丰富视野、增强技能的同时，掌握新的培训技巧。

四、薪酬与福利

薪酬福利是每个员工都关注的问题，也是提升员工满意度的关键因素之一。公平性和竞争性是维护员工对薪酬满意度的两大原则。

薪酬策略是将本酒店的薪酬与市场实际水平进行比较，以确定支付的薪酬的相应范围。这就必须从外部获取相关的情况，包括熟人问讯、收集候选人薪资信息、个别职位非正规调研等，但是这些信息不具备完整性和系统性。福利是固定薪酬保健作用的强化，它能起到减少甚至消除员工的不满意感，提高员工对酒店的认同感。这是因为福利反映了酒店对员工的长期承诺，在员工的观念中把福利视为固定收入的一部分。

酒店的薪酬福利体系对酒店的发展有着举足轻重的作用，其参考依据必须是客观准确的，所以，薪资调查应当在严密而科学的体系中进行，它必须由权威的调查咨询机构来组织并实施。理论上讲，任何调查结果都不可能是实际市场值的完整反映。

酒店的薪酬支付思维方式正在发生转变，越来越多的酒店开始实行"全面薪酬战略"体系，来达到激励员工的目的。"全面薪酬战略"是指酒店为达到组织战略目标，奖励做出贡献的个人或团队的系统，绝不仅包括传统的薪酬项目，更包括一些非物质的奖励方案等。

"全面薪酬战略"体系可划分为五部分：

1）以现金方式支付的薪酬，包括基本工资、补贴和变动性收入。

2）以物品发放形式或其他形式体现的，如休假、退休、医疗等福利，这是全面薪酬的重要组成部分，但常常被酒店忽视。

3）学习机会和发展机会。

4）工作环境。

5）惠及广大员工的利益分享机制。如吸纳员工入股，形成开放、共享的利益结构。

薪酬由三部分构成：基本工资＋加班费＋福利。

1）基本工资：基本工资是酒店雇员劳动收入的主体部分，也是确定其劳动报酬和福利待遇的基础。其具有常规性、固定性、基准性、综合性等特点。基本工资又分为基础工资、工龄工资、职位工资。按照我国劳动法规定，基本工资在每个地区都会有它的最低标准。

2）加班费：是指员工超出正常工作时间之外所付出劳动的报酬。劳动法有明文规定，用人单位安排劳动者加班或者延长工作时间，应当按照标准支付劳动者加班或者延长工作时间的劳动报酬。

3）福利：员工福利是一种以非现金形式支付给员工的报酬。员工福利从构成上来说可分成两类：法定福利和公司福利。法定福利是国家或地方政府为保障员工利益而强制各类组织执行的报酬部分，如社会保险；而公司福利是建立在自愿基础之上的。福利内容包括：补充养老、医疗、住房、寿险、意外险、财产险、带薪休假、免费午餐、班车、员工文娱活动、休闲旅游等。

酒店可以采取绩效考核机制。就绩效考核本身来说，应以促进员工的工作绩效改进和效率提升为目的，而不是奖惩。酒店通过绩效考核发放的绩效奖金，属于变动薪酬中的短期激励部分，带有激励导向，用于激发员工积极性，促使酒店实现当期业绩。而就休假制度来说，休假福利是福利体系最重要的组成部分之一，随着对福利价值的深度挖掘，其良好的保留和激励、低成本的特性，正逐步被酒店和员工所认识和重视，成为最主要的薪酬支付手段之一。尤其是带薪年假和带薪病假这两项福利是酒店以及员工最为关心和重视的两项福利。在这两项酒店自主性最大、差异性最大的福利项目上，酒店可充分利用两项福利的激励作用，针对员工的不同绩效给予差异性的奖励。

一个酒店，如果更多关注的是员工的薪酬成本，由员工带来的各种成本投入，也就是只把员工看作是成本，那么酒店肯定会设法缩减；但如果酒店把员工看成是资本或者资源，酒店就会希望通过"经营"使资本能够增值，那就会有更多的关注放在酒店的投入带来的资本的升值上，从而让这些资源更有效地为酒店发挥价值，更看重员工和酒店的共同发展。特别是在激烈的竞争环境下，酒店人性化管理对于人才的保留、吸引和激励的重要性不言而喻。

从员工的角度看，员工对于酒店薪酬福利、职责、管理、职业发展、环境的满意感受程度，通过适应酒店的这些管理手段，满足其生活保障、自我价值的实现等基本需求后，会由满意而转向敬业、投入地工作，而酒店所想要得到的利益必须是建立在员工高效工作的基础上，最终达到酒店与员工双赢的一种健康、循环的平衡模式。所以，如果员工对酒店的满意度低，自身感觉不好，会导致投入度降低，工作效率降低，企业业绩便难以达成。这种平衡是酒店健康与否的标志，是酒店可持续发展的保障，同时也是酒店核心竞争力的综合体现。有研究成果显示，敬业员工比例下降10%，意味着酒店业绩会有15%~20%的下降。制定相应薪酬福利制度，从而更好地吸引、保留人才，更好地激励人才为酒店服务。只有这样，才能达到有助于酒店员工满意度程度的提高。

薪酬在任何酒店都是一个非常基础的东西。一个酒店需要具有一定竞争能力的薪酬吸引人才来，还需要有一定保证力的薪酬来留住人才。如果和外界的差异过大，员工肯定会到其他地方谋求发展。薪酬会在中短期时间内调动员工的注意力，但是薪酬不是万能的，工作环境、管理风格、经理和下属的关系都对员工的去留有影响。员工一般会注重长期的打算，公司会以不同的方式告诉员工发展方向，让员工看到自己的发展前景。

酒店采取福利措施，目标是使员工行为与酒店行为保持高度一致，有效地将广大员工团结在一起，齐心、协力，实现酒店利润最大化。福利从本质上讲是一种补充性报酬，既然是报酬，就应当以员工支付合理劳动为对等价。因此，酒店的福利政策要涵盖福利设定的目标和相应的对员工行为的要求两方面内容，具备对员工的认识和行为进行正确导向的功能。一项酒店福利政策，应当向员工表达和传递下述信息：员工福利与酒店绩效相挂钩；员工福利与个人工作表现及贡献相挂钩。

五、绩效管理（考核与评价）

酒店绩效管理是人力资源管理的一部分，也是提高酒店服务质量的重中之重。通常来说，是指管理者采取相应的方法、制度，保证酒店各个部门工作业绩能够为酒店战略目标的实现提供服务，逐步实现酒店发展规划目标。

酒店绩效管理工作的重要性日渐突出，因此针对当前酒店绩效管理工作存在的问题，可以从以下3个方面入手：

（一）革新传统观念

重视酒店绩效管理是酒店管理体制改革的必然要求。因此酒店绩效管理工作中，要想促使绩效管理工作达到最佳效果，酒店管理者应革新自身传统观念，重新审视绩效工作，并将其纳入到人力资源管理当中，提升绩效管理工作地位。在酒店内部，加强对绩效管理工作重要性的宣传力度，引导和鼓励员工能够重视绩效管理工作，并主动参与其中。新时期下，绩效管理是酒店发展与管理战略整合的产物。因此在实践中，应将酒店战略目标与员工绩效考核整合到一起，促使绩效管理工作能够充分发挥自身积极作用，激励酒店员工，增强员工归属感，从而为酒店持续健康的发展奠定坚实的智力基础。

（二）优化人力资源结构

高品质酒店服务并非单纯依靠某一部门所能够达到的，而是多个部门共同配合的结果。因此酒店在日常管理工作中，酒店管理者应对工作提出更高要求，加强对各个环节的管理，积极实施岗位责任制，明确分工，确保人员各尽其能、各司其职。如果在管理工作中，酒店对岗位缺乏融合度的考虑，过度增加岗位人员配置，不仅会浪费资源，且会增加酒店人力成本。除此之外，制度作为绩效管理的基础，完善的制度能够为工作提供科学依据。所以构建完善的考评制度，调整和优化薪酬方案非常必要。在工作中，酒店应对职位对应的知识和技能、工作复杂度等进行研究，对薪酬要素进行全面思考和评价，准确衡量各个岗位的价值，确保薪酬内部公平性。同时，还应提高薪酬支付制度透明度，为员工提供明确的职业发展道路，促使酒店内各个员工都能够对自身制定近期与远期目标，以此来激励员工不断努力。

（三）增强绩效结果反馈

为了促进酒店绩效管理工作发挥积极作用，应重视对绩效考核结果的反馈，落实好沟通、交流工作，将绩效考核结果及时反馈给员工，促使员工能够对自身具有一个全面的认识，及时发现自身存在的不足，并加以改正。不仅如此，酒店还应针对绩效考核结果较好的员工给予相应的奖励。通过这种方式，能够帮助员工逐步提升自身绩效，且确保绩效管理工作发挥积极作用，逐步消除员工内心中不安及紧张，充分调动员工积极性，为酒店持续发展提供支持。

我国不断面临新的经济发展形势，酒店面临的各种环境也在不断发生着变化，这就使得绩效管理工作在酒店长远战略目标发展中的位置显得更加重要。因此酒店在发展中要明确认识到绩效管理工作中存在的不足，在工作中，要立足于酒店现状，从细节处着手，制订完善的绩效管理制度，并加强对绩效管理人员的培训，提高绩效管理人员综合素质，同时，还应优化人资结构，提高绩效考核结果利用率，促使酒店各项工作能够始终处于良性循环状态当中，从而为酒店发展解决后顾之忧，使酒店取得更好的社会效益、经济效益。

六、员工关系（劳动关系）管理

员工关系管理就是酒店和员工的沟通管理，这种沟通更多采用柔性的、激励性的、非强制的手段，从而提高员工满意度，支持组织其他管理目标的实现。其主要职责是：协调员工与管理者、员工与员工之间的关系，引导建立积极向上的工作环境。

第一，相互尊重。任何一个行业，重视员工都是管理者的必修课，对于酒店管理这样的典型服务性行业，重视员工的重要性就更不言而喻了。酒店只有让自己的员工感到被重视，员工才会重视酒店、重视工作，也才会重视顾客。从某种意义上说，酒店先要服务的不是顾客，而是员工，自己的员工，因为没有满意的员工就没有满意的顾客。

第二，互通信息。除了尊重和重视员工外，酒店还应该让自己的员工了解经营绩效和经营理念，知道酒店的重大决策、长短期目标，还有最新服务技术、预算约束等方面的基本信息，以及酒店在市场中处于怎样的竞争地位等。而员工对酒店的经营和管理方面的想法和意见也要及时在酒店各个管理层面传递，管理层对此要有明确的反馈，如此形成酒店上下的信息互通，才能确保酒店的服务到位以及有效管理，才能强化酒店内部的一致性和协作性。

第三，参与管理。由于一线员工最贴近顾客，也最了解顾客，所以他们对酒店服务的质量和效率影响也就最大。让员工参与到酒店的管理工作中来，一方面能够很大程度地提高员工对工作的责任感和积极性，另一方面，酒店也能更快地对顾客需求的变化做出反应。员工的角色与责权发生了变化，酒店的应变能力也提高了，基层员工对上级决策的变化也就更清楚，贯彻实施的效率自然也会更高。这样形成一个良性循环，就可以说酒店的管理层与员工建立起了一种战略合作关系。

开阔视野

目前我国酒店员工培训存在以下误区：

一、认识上存在误区

1. 对培训的重要性认识不足

有些员工自认为：随着时间的推延，自己可以边工作边学习，最终一定能适应环境而胜任工作。认为酒店开展培训工作只是一个形式主义，并不会有多大用处，且不会对自己有多大影响，表面上应付一下了事。在实际工作中，部分管理人员对培训也带有抵触情绪，有些管理人员认为自己部门的员工什么都懂，根本不需要培训。问题出现时便说是偶然，从不去思考其真正的原因。或把培训视为一种普通的日常工作看待，认为培训工作可有可无，敷衍了事，忽略其作为管理工具的职能。

2. 培训是一项花时间、花成本的工作

不少管理人员认为培训工作得不偿失，与其花费大量时间、精力和经费培训员工，还不如到其他企业挖人。他们以高薪、优厚的待遇招聘人才，却不愿培养人才。

3. 培训是人事部的工作

说起培训，人们便认为培训只是人事部的责任。诚然，培训部担任着全酒店员工专业知识、服务技能和服务意识等方面的培训，但真正让培训直接发挥效用，服务于工作的，则必须通过员工的直接管理者——各部门经理来实现。实际上，培训本身就是管理的一部分，是管理者的应尽责任。

4. 高层管理人员不需要培训

一些酒店的最高领导人错误地认为：培训只是针对基层的管理人员和员工，而高层管理人员不需要培训，认为只要加强服务人员的培训，服务质量就会提高。但实际上，一个酒店高层管理人员素质的好坏与能力的高低，对酒店的发展影响最大，它直接关系到酒店的发展前途。高级管理人员没有经过培训，他们不懂服务质量标准，或是不知道如何去控制并激励员工，其结果必然会造成部分员工偷懒或有投机取巧的行为。因此，酒店不仅要重视基层员工的培训，高层管理人员的培训同样也要加强。

二、执行力不足

1. 酒店培训无连续性

国际著名心理学家班杜拉指出：人不会让自己去做自己认为做不到的事情。因此，改变员工的内心愿望、目标、抱负和标准，进而使员工的素质得到提高，这需要酒店有目的、有步骤、有系统地进行培训。现在很多酒店对培训都是间断地进行，无连续性和计划性，东一棒西一锤地组织低效率的培训，结果只会是浪费人力、物力、财力。例如，新员工接受基本的岗位培训，时间一般为一月左右。然后自己开始独立工作，且很多公司只有基本的岗位培训，没有连续的培训方案，进入公司后就完全依靠个人的自觉性学习。这样的培训实际上根本不会取得任何效果。

2. 执行过程不彻底

目前，很多酒店培训工作做了不少，高层管理者也十分重视培训工作，但培训效果总是不尽人意。人力资源培训的全过程应当包括需求分析、计划制订、项目实施、效果评估四个阶段，缺少任何一个阶段，培训过程都是不彻底的。假设员工的培训过程中缺少效果评估阶段，员工在培训中学到了新知识、学会了新技能，但没有在本职工作中学以致用，不能达到改进工作行为、提升工作绩效的效果，这样的培训看上去功德圆满，仔细一想就会发现没有实际意义。培训项目结束后对其效果不做评估，或只作简单的评估，或虽然做了认真的评估，但未把结果纳入绩效考评范围，这些现象在酒店行业都不鲜见。

3. 酒店培训者不够专业化

酒店培训工作的难度比较大，这就对培训者自身素质要求比较高。培训者的教学水平和激励能力对提高培训质量十分重要。目前一些酒店培训工作者只能起一个组织作用，自己不能讲课，不能编写培训资料，所以对培训者素质的提高还是一项艰巨任务。如果培训者的素质偏低，就不能很好把握培训要求，或是培训者只懂理论，不熟悉业务，最终将无法制订科学合理的培训计划。在实际工作中，酒店考虑到实际情况，往往会选择有经验的经理或主管负责本酒店的培训工作，但有相当一部分经理却是应付培训，做得乱七八糟。如在开展培训讲课时，每次都是站在讲台上照本宣科，并没有强烈的责任感。这样培训不会起到一点效果。

4. 评估存在片面性

重形式轻效果。许多酒店在谈及培训时，曾表露出这样的态度：我们酒店的员工都已经进行过专业培训，有的员工甚至参加过多次培训等。这就反映出目前有相当一部分酒店在培训方面只注重形式而忽略培训的实际效果，误以为培训次数多，即代表效果好或酒店重视培训。这是片面的、不科学的培训观，因为受训者通过培训接受的观念与意识、掌握的知识与能力不一定会全部运用于实际工作中，而只有全面、灵活地运用所学到的一切才会真正体现培训的价值。造成这种状况的原因可能是：部分酒店把培训看成是一个形式，并未真正地将培训与酒店经营目标结合起来。只是为了完成上级的要求，而不是真正为了追求利润，提高酒店竞争力。

5. 重培训轻激励

有不少酒店在培训后不仅没有实施有效的激励措施，就连原来制度上规定的很少一点奖励措施在实际操作中也不能够兑现，致使员工参与培训的积极性不高，培训没有达到预期的效果。如果没有注重对培训结果的有效应用，培训结束后，也没有健全的效果评估和激励体系，学与不学一个样，结果就会使员工在培训的认识上陷入一定的误区。

案例分析

希尔顿酒店的文化是"精神（ESPRIT）"，注重人的发展，为员工提供良好的工作环境和工作发展的机会。其人力资源工作重点包括：人才招聘、员工的培训及发展、员工的薪资及福利和人才管理和继任者培训（也就是内部人才的选拔、培养和发展）。

希尔顿酒店的人才招募策略：希尔顿酒店的员工结构包括高层管理者、中层管理者、基层主管和一线员工，针对不同的员工招聘，酒店会制定不同的策略，而且招聘形式多元化、系统化，有严格的控制体系来确保公司能招聘到合适的员工。

其人才招募途径有以下几个：

（1）内部应聘 希尔顿酒店的全球企业文化要求"尊重并信任每一个人""共同发展分享成功"。只要你工作努力，你就有机会获得提升。所有员工都有机会去应聘希尔顿酒店内的任何一个职位。只要申请者有良好的工作表现，并且在现任岗位工作一年以上，符合这两个条件即可。即使有些人才在现岗位工作表现良好，不可或缺，他的直属经理也必须尊重、支持员工利用这样的机会去获得更好的个人发展。

（2）内部推荐 通常内部招聘会在两个范围内进行：一是在酒店内部；二是在全国范围的酒店网络。例如，北京希尔顿酒店需要招聘一个员工，人力资源部会把相关的招聘信息发布到国内的"姐妹"酒店，鼓励员工应聘，也可以由其他酒店的员工推荐，推荐成功的员工将会得到相应的奖励。

相对于网络招聘，内部推荐有其优势，因为内部员工会比较了解酒店的文化、岗位的需求和要求，对于他所推荐的人也有比较好的了解，所以被推荐者能更加适合这两方面的要求。相对来说，内部推荐的针对性比较强，成功率比较高。

（3）猎头合作 高级职位的人才招聘主要通过和国内外的7~8家专业猎头公司的合作，这些公司不仅在国内有人力资源库，而且在国际上都有比较全面的候选人资料。

（4）网络招聘 在中国地区，希尔顿和前程无忧等大型招聘网站都有比较好的合作关系，而且通常都是以集团的形式来进行招聘，一方面是为了提升酒店的形象，另一方面对每个酒店的操作会带来很多帮助。

（5）校园招聘 希尔顿酒店会筛选一些比较优秀的院校和其对口的专业进行合作，并且对学生严格挑选，所以基本上在生源质量上会有比较好的保证。

希尔顿酒店也会寻找一些比较有潜质的管理培训生，在酒店各部门进行轮岗，最后通过考核推送至一个最适合的管理岗位。

人才招募原则：希尔顿酒店的招聘原则是给所有人平等的机会，不管是海外人才还是国内人才，主要是看重人才的工作能力、资质等。目前由于酒店行业有其特殊性，酒店在产品方面特别是餐饮方面有一定的文化性，所以比较倚重具有很强技术及经验的国外人才。

人才选拔标准针对不同类型的人员不同：

1. 基层员工

希尔顿有三个要求：

（1）People–Focus，即注重人际沟通，因为酒店是服务性行业，人际沟通能力显得尤为重要，所以这一项成为首选的能力考核标准。

（2）Profit–Focus，注重结果，即注重企业的服务业绩、产出业绩，包括通过有效安全工作控制浪费、不影响服务质量的前提下降低成本、在可接受的成本许可下增加更多收入的机会等，这些都是考核员工的标准。

（3）Customer & Quality–Focus，注重客户和质量，要求员工注重各方面的细节，达到酒店品牌的服务标准。其实并不是所有人都适合酒店这个行业，只有那些真诚愿意为顾客服务、有比较高的个人品质的人才可以达到要求。

2. 管理层员工

核心能力要求包括 People Management（人员管理能力），Influence（影响力），Communication（沟通能力），Development Relationship（发展关系能力），Planning（计划能力），Analysing Information（信息分析能力），Decision Making（决策能力），Commercial Awareness（商业意识）及 Drive & Resilience（推动力和顺应力）。

筛选应聘者的流程：

1. 面试

每位管理人员都要经过两到三轮的面试，考官分别为直线经理、人力资源部总监、酒店的总经理，区域人力资源部总监、区域总监、中国区的负责人还会参与一些关键岗位的面试。在面试中会侧重9个核心能力的考核。希尔顿酒店比较注重面对面的交谈——员工整体的气质和形象是最重要的考核标准。面试时考官根据不同岗位的要求，从面试问题库中抽取问题和行为模型做比对，来考核应聘者是否符合标准，并采用角色模拟的方式来考核应聘者的综合能力。

2. 针对大学毕业生

主要考察两个方面，即工作态度和对于酒店行业的热情，此外英语能力水平测试和针对管理培训生的网上测试也是考核内容之一。测评之后，人力资源总监会做测评报告，分析应聘者的领导性格特质，然后和部门经理进行沟通。通常一个大学生需要经过三轮测试，分别为笔试和两次面试。

3. 背景调查

酒店人力资源部及猎头公司都会对应聘者作背景调查。如果是管理人员的话，至少向其前几任公司的三位以上的相关人员进行背景调查，并且通过多方面的渠道去获取确凿的信息。对于个人品德、操守方面有问题的应聘者，即使其个人能力再突出，酒店也不会考虑这个人选。

希尔顿酒店的新人培训：希尔顿酒店的培训系统非常完善，尤其是对于新员工，希尔顿酒店相信，只要有好的能力和态度，技能都是可以培养的。例如，新员工都必须在走上工作岗位之前参加一个4小时的优质服务培训课程。而新的经理人必须参加40个小时的培训，这40个小时不仅培训经理人掌握对顾客服务的基本技能，而且教给他们鼓励下属完善服务的方法。

每个部门都有一个培训负责人，他需要确保每个员工在上岗60天之内完成岗位技能培训，此外还有企业文化培训、产品知识培训、员工沟通能力的培训。

希尔顿集团内部拥有一个 Hilton University（希尔顿大学），提供1000多门网上课程，覆盖很多方面，包括人力资源、财务、市场销售、营运等，每个部门都有针对自己部门的培训，还有一些常规性培训，包括沟通能力、协调能力、谈判能力、组织发展管理等，员工可以根据自己的兴趣爱好、发展要求来选择他们所要学的课程。酒店的培训部门会专门根据希尔顿酒店的要求和特质要求员工上一些必修课，辅助他们做整体职业规划，并且跟进以确保他们能达到要求。

网上课程的设计非常精巧，和传统的课堂教学非常相似，有真人发音、互动提问、游戏环节和考核。在考核结束后会有一个独立的成绩报告，用以检测学员的学习情况和学习成果。如果他的成绩没有达到要求，酒店会督促他重修，如果员工一直没能通过考核，公司可能会把他安排到一个更适合他的岗位。

员工考核和薪资有直接联系，酒店鼓励好的表现，如果一个员工表现出色，他不只在加薪方面会有优势，在内部调职和升职方面也会有一定的优势。

留才计划：希尔顿酒店留才计划是一个整体系统，涵盖招聘、薪资、培训等环节。希尔顿酒店总部有一个信息不断更新的 Talent Bank（人才银行），每个酒店部门副经理及以上级别的员工都会被列入人才名单，酒店会一直跟进这些员工的发展情况。如果有新的管理职位，除了员工的内部应聘，酒店会在人才名单里面进行筛选，把最适合的员工安排到最适合的岗位上。酒店方面也会跟名单上的员工沟通，让他们清楚自己在酒店可能的职业发展。因此，希尔顿酒店的内部调职的比例很高，人才流动率非常低，因为他们在酒店内部能找到自身发展的机会。

无固定期限劳动合同和员工关怀：希尔顿酒店和几乎所有的员工都签订无固定期限的劳动合同，让他们觉得劳动关系是受到保护的。希尔顿酒店强调：第一，酒店不会无故解除员工合同；第二，酒店在管理体制方面会更加严格，重新制定了员工手册，并且对所有员工进行劳动法的专门培训；第三，酒店对管理层也进行了培训，特别是绩效考核等方面更加严格。

希尔顿酒店的企业文化之一是开放式的沟通，没有很强的等级观念。例如，员工会直呼总经理的英文名字，虽然这是个小细节，但是能给员工创造一个非常轻松的工作环境。

每个酒店都会给员工提供舒适宽松的休息环境，配有娱乐、学习设施、电脑、电影院等。

员工有自己组织的委员会，包括娱乐委员会、员工福利委员会、节能委员会。例如，在福利委员会，员工会提出自己对福利的期望，如对于员工餐厅的服务质量、员工设施的期望，每个月酒店都会有一个会议作为平台，总经理也会参加到其中，大家会对其相关的问题进行沟通及讨论，随后会有相应的跟进行动计划。

回顾复习

1. 现代酒店市场营销的概念是什么？
2. 现代酒店市场营销的策略有哪些？

思考练习

1. 人力资源的概念是什么？
2. 如何做好酒店人力资源的规划？
3. 如何做好酒店人力资源的培训与开发？

第七章　现代酒店服务质量管理

学习目标

- 掌握酒店服务质量的概念和构成
- 掌握衡量酒店服务质量的标准
- 如何做好现代酒店服务质量管理

第一节　现代酒店服务质量

　　酒店服务质量是指酒店所提供的各项服务适合和满足顾客需要的自然属性，通常表现为满足顾客的物质需求和精神需求两个方面。在质量管理中，通常把这种"自然属性"统称为质量特性。不同的服务具有不同的质量特性，不同的质量特性分别满足顾客不同的需求。同一种服务，由于质量特性的水平不同，因而其适应性，即满足顾客需要的程度也不尽相同。因此，酒店服务的这些自然属性能否满足顾客的物质和精神上的需要，以及满足的程度如何，就是衡量酒店服务质量优劣的主要标志。所谓满足，是指该种使用价值能否为顾客带来身心愉悦和享受。

一、酒店服务质量的构成

（一）有形的产品质量

　　酒店是凭借其设施设备来为顾客提供服务的，因此酒店的设施设备是酒店赖以存在的基础，是酒店劳务服务的依托。酒店设施设备的质量既是服务质量的基础和重要组成部分，又是酒店服务质量高低的决定性因素之一。

　　1. 酒店设施设备分类

　　酒店设施设备分为客用设施设备和供应用设施设备。

　　（1）客用设施设备的类型及质量标准　客用设施设备也称前台设施设备，是指直接供顾客使用的设施设施，如客房设施、康乐设施等。

　　衡量这类设施设备质量的标准是设置科学、结构合理、配套齐全、舒适美观、操作简单、使用安全、完好无损、性能良好。

　　客用设施设备的舒适程度是影响酒店服务质量的重要方面。舒适程度的高低，一方面取决于设施设备的配置，另一方面取决于对设施设备的维修保养。因此随时保持设施设备完好率，确保各种设施设备的正常运转，充分发挥设施设备的效能，是提高酒店服务质量的重要组成部分。

　　（2）供应用设施设备的类型及质量标准　供应用设施设备是指酒店经营管理所需的，不直接和顾客见面的生产性设施设备，也称后台设施设备，如锅炉设备、制冷供暖设备、厨房设备等。衡量这类设施设备质量的标准是安全运行，保证供应。

　　酒店只有保证设施设备的质量，才能为顾客提供多方面的感觉舒适的服务，进而提高酒店的声誉和服务质量。

　　2. 实物产品质量

　　实物产品质量是满足顾客物质消费需要的直接体现，是酒店服务质量的重要内容，包括菜点酒水质量、商品质量、服务用品质量、客用品质量。

　　（1）菜点酒水质量　饮食产品是直接供顾客享用的，其质量高低取决于烹饪制作水平、食品及原材料质量和管理水平等多种因素。一个酒店厨师的技术是非常重要的，要有独特的风味特色，物美价廉、色、香、味、形俱佳，清洁卫生，新鲜可口。如果菜点酒水质量差，服务态度再好顾客也不会满意。所以酒店的饮食质量在酒店管理上是至关重要的。

　　（2）商品质量　现代酒店都设有商品部门销售实物商品，取得经济收入，满足顾客需要。产品要名牌优质品，质量上乘，美观大方，经济实用，品种齐全，同时要价格合理。

（3）服务用品质量　服务用品质量指酒店在提供服务过程中供服务人员使用的各种用品，如客房部的清洁剂、餐饮部的托盘等。它是提高劳动效率、满足顾客需要的前提，也是提供优质服务的必要条件。服务用品质量要求品种齐全、数量充足、性能优良、使用方便、安全卫生等。管理者对此应加以重视，否则酒店难以为顾客提供令其满意的服务。

（4）客用品质量　客用品是指酒店直接供顾客消费的各种生活用品，包括一次性消耗品（如牙具、牙膏等）和多次性消耗品（如棉织品、餐酒具等）。客用品质量应与酒店星级相适应，避免提供劣质客用品。

3. 服务环境质量

酒店服务环境质量是指酒店的服务气氛给顾客带来感觉上的美感和心理上的满足感。它主要包括符合酒店等级的建筑风格，充满情趣并富有特色的装饰风格，以及洁净无尘、温度适宜的酒店环境和仪表仪容端庄大方的酒店员工。所有这些构成酒店所特有的环境氛围，它在满足顾客物质方面需求的同时，又可满足其精神享受的需要。通常对服务环境质量的要求是整洁、美观、有序和安全。在此基础上对于高星级酒店来说，还应充分体现出一种带有鲜明个性的文化品位。

（二）无形的产品质量

无形的产品质量，即劳务服务质量，是酒店产品质量中主要的内容之一。它是指酒店以设施设备和产品为依托，提供在使用价值方面适合和满足顾客需要的服务的活动过程。

1. 礼貌礼节

要求酒店服务人员具有端庄的仪表仪容，文雅的语言谈吐，得体的行为举止等。它体现了一家酒店的精神风貌，反映了酒店员工对顾客的基本态度。

2. 职业道德

是人们在一定的职业活动范围内所遵守的行为规范的总称。酒店服务人员应遵循"热情友好，顾客至上；真诚公道，信誉第一；文明礼貌，优质服务；不卑不亢，一视同仁；团结协作，顾全大局；遵纪守法，廉洁奉公；钻研业务，提高技能"的旅游职业道德规范，敬业、勤业和乐业。

3. 服务态度

指酒店服务人员在对顾客服务过程中体现出来的主观意向和心理状态，其好坏是由员工的主动性、创造性、积极性、责任感和素质高低决定的。具体要求是主动、热情、耐心、周到和具有"顾客至上"的服务意识。

4. 服务技能

指酒店服务人员在提供服务时显现的技巧和能力，其高低取决于服务人员的专业知识和操作技术。具体要求是要掌握丰富的专业知识，具备娴熟的操作技术，并能根据具体情况灵活地运用，从而达到具有艺术性、给顾客以富有美感的服务效果。

5. 服务效率

指员工在其服务过程中对时间概念和工作节奏的把握。它应根据顾客的实际需要灵活掌握，要求员工在顾客最需要某项服务时能即时提供。因此服务效率并非仅指快速，而是强调适时服务。

6. 安全卫生

酒店安全是顾客外出旅游时考虑的首要问题，因此酒店必须保障顾客、员工及酒店本身的安全。酒店清洁卫生直接影响顾客身心健康，是优质服务的基本要求，所以首先要加强酒店的清洁卫生工作。

服务质量管理除上述内容外，还包括员工的劳动纪律、服务的方式方法、服务的规范化和程序化等内容。

上述有形的产品质量和无形的服务质量的最终结果是顾客满意程度。顾客满意程度是指顾客享受酒店服务后得到的感受、印象和评价，它是酒店服务质量的最终体现，因而也是酒店服务质量管理努力的目标。

二、酒店服务质量的形成要素

酒店服务质量的形成有三个要素：服务设计、服务供给和服务关系。酒店如何认识和管理好这三个要素将会影响顾客对酒店总体服务质量的评价水平。

（一）服务设计

服务是否优秀，首先取决于满足顾客的个性化。

（二）服务供给

将设计好的服务，经服务人员以顾客满意的方式提供给顾客，把理想的技术质量转变为现实的服务质量。

（三）服务关系

酒店服务过程中，服务人员与顾客之间的合作直接影响服务质量。服务人员越是关心顾客，尽量借助有形因素将无形服务有形化，顾客对服务质量的评价就越高。

通常顾客感知的服务质量要受企业形象、顾客预期质量和体验质量三方面的综合作用影响。顾客在消费前，常受企业广告或其他宣传形式的影响，或由自己以前消费的经验所形成对企业形象的初步认识，对自己准备要购买的服务质量已有了比较具体的预期。这样，顾客在消费前，已形成并带有具体期望；顾客在消费后，会把自己在消费中体验到的服务质量与预期的服务质量进行比较，得出对该企业服务质量的结论。

此外，顾客对服务质量的最终评价还受顾客心目中原有企业服务形象的调节。如果该企业的形象一贯较好，顾客很可能原谅在服务中的小过失，从而提高对该企业服务质量的评价；然而，若顾客对该企业原有的形象印象不佳，顾客会放大服务中的缺点，得出不满的结论。

酒店服务质量形成要素如图7-1所示。

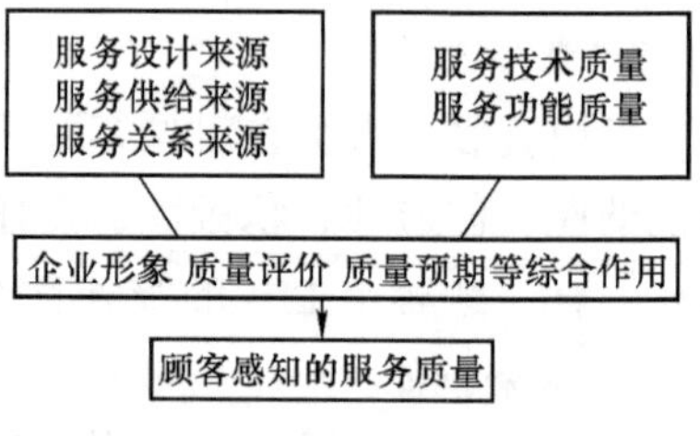

图7-1 酒店服务质量形成要素

三、酒店服务质量的特点

（一）酒店服务质量构成的综合性

酒店服务质量的构成内容既包括有形的设施设备质量、服务环境质量、实物产品质量，又包括无形的劳务服务质量等多种因素，且每一因素又由许多具体内容构成，贯穿于酒店服务的全过程。其中设施设备、实物产品是酒店服务质量的基础，服务环境、劳务服务是表现形式,而顾客满意程度则是所有服务质量优劣的最终体现。它既涵盖了衣食住行等人们日常生活的基本内容,也包括办公、通信、娱乐、休闲等更高层面的活动。因此人们常用"一个独立的小社会"来说明酒店服务质量的构成所具有的极强的综合性。

酒店服务质量构成的综合性的特点要求酒店管理者要树立系统的观念,把酒店服务质量管理作为一项系统工程来抓,多方搜集酒店服务质量信息,分析影响质量的各种因素,特别是可控因素,既要抓好有形产品的质量,又要抓好无形服务的质量,不仅做好自己的本职工作,还要顾及酒店其他部门或其他服务环节,更好地督导员工严格遵守各种服务或操作规程,从而提高酒店的整体服务质量。

(二) 酒店服务质量评价的主观性

尽管酒店自身的服务质量水平基本上是一个客观的存在,但由于酒店服务质量的评价是由顾客享受服务后根据其物质和心理满足程度进行的,因而带有很强的个人主观性。顾客的满足程度越高,他对服务质量的评价也就越高,反之亦然。酒店管理者不能无视顾客对酒店服务质量的评价,否则将失去客源,失去生存的基础。酒店也没有理由要求顾客必须对酒店服务质量做出与客观实际相一致的评价,更不应指责顾客对酒店服务质量的评价存在偏见,尽管有时确是一种偏见。这就要求酒店在服务过程中通过细心观察,了解并掌握顾客的物质和心理需要,不断改善对客服务,为客人提供有针对性的个性化服务,并注重服务中的每一个细节,重视每次服务的效果,用符合顾客需要的服务本身来提高顾客的满意程度,从而提高并保持酒店服务质量。正如一些酒店管理者所说:"我们无法改变顾客,那么就根据顾客需求改变自己。"

(三) 酒店服务质量显现的短暂性

酒店服务质量是由一次一次内容不同的具体服务组成,而每一次具体服务的使用价值均只有短暂的显现时间,即使用价值的一次性,如微笑问好、介绍菜点等。这类具体服务不能储存,一结束就失去了其使用价值,留下的也只是顾客的感受而非实物。因此酒店服务质量的显现是短暂的,不像实物产品那样可以返工、返修或退换,如要进行服务后调整,也只能是另一次的具体服务。也就是说,即使顾客对某一服务感到非常满意,评价较高,并不能保证下一次服务也能获得好评。因此酒店管理者应督导员工做好每一次服务工作,争取使每一次服务都能让顾客感到非常满意,从而提高酒店整体服务质量。

(四) 酒店服务质量内容的关联性

顾客对酒店服务质量的印象,是通过他进入酒店直至离开酒店的全过程而形成的。在此过程中,顾客得到是各部门员工提供的每一次具体的服务活动,但这些具体的服务活动不是孤立的,而是有着密切的关联。因为在连锁式的服务过程中,只要有一个环节的服务质量有问题,就会破坏顾客对酒店的整体印象,进而影响其对整个酒店服务质量的评价。因此,在酒店服务质量管理中有一个流行公式:$100-1<0$,即 100 次服务中只要有 1 次服务不能令顾客满意,顾客就会全盘否定以前的 99 次优质服务,还会影响酒店的声誉。这就要求酒店各部门、各服务过程、各服务环节之间协作配合,并做好充分的服务准备,确保每项服务的优质、高效,确保酒店服务全过程和全方位的"零缺点"。

(五) 酒店服务质量对员工素质的依赖性

酒店产品生产、销售、消费同时性的特点决定了酒店服务质量与酒店服务人员表现的直接关联性。酒店服务质量是在有形产品的基础上通过员工的劳务服务创造并表现出来的。这种创造和表现能满足顾客需要的程度取决于服务人员的素质和管理者的管理水平。所以酒店服务质量对员工素质有较强的依赖性。

酒店服务质量的优劣在很大程度上取决于员工对客服务时的即时表现，而这种表现又很容易受到员工个人素质和情绪的影响，具有很大的不稳定性。所以要求酒店管理者应合理配备、培训、激励员工，努力提高他们的素质，发挥他们的服务主动性、积极性和创造性，同时提高自身素质及管理能力，从而培育出满意的员工。满意的员工是满意的顾客的基础，是不断地提高酒店服务质量的保证。

（六）酒店服务质量的情感性

酒店服务质量还取决于顾客与酒店之间的关系。关系融洽，顾客就比较容易谅解酒店的难处和过错，而关系不和谐，则很容易致使顾客小题大做或借题发挥。因此，酒店与顾客之间关系的融洽程度，直接影响着顾客对酒店服务质量的评价，这就是酒店服务质量的情感性特点。

事实上酒店服务质量问题总是会出现在酒店的任何时间和空间。作为酒店管理者所应做的是积极采取妥当的措施，其中最为有效的办法就是通过一些真诚为顾客考虑的服务赢得顾客，在日常工作中与顾客建立起良好和谐的关系，使顾客最终能够谅解酒店的一些无意的失误。

四、酒店服务质量的衡量标准

1. 可靠性

可靠性是指酒店可靠地、准确无误地完成承诺的服务的能力，它是酒店服务质量属性的核心内容和关键部分。顾客希望可靠的服务来获得美好的经历，而酒店也把服务的可靠性作为树立企业信誉的重要手段。如必须兑现向预订顾客承诺的客房或餐厅包厢等。

2. 反应性

反应性是指酒店准备随时接待顾客并提供迅速有效服务的愿望。反应性体现了酒店服务传递系统的效率，并反映了服务传递系统的设计是否以顾客的需求为导向。服务传递系统要以顾客的利益为重，尽量缩短顾客在消费过程中的等候时间。例如，顾客在前台办理住宿登记时要进行身份证信息的填写，如果改为立即扫描存入，以缩短顾客办理的时间，可以给顾客的感知质量带来积极的影响。

3. 保证性

保证性是指酒店的员工所具有的知识技能、礼貌礼节，以及所表现出的自信与可信的能力。员工具有完成服务的知识和技能，可以赢得顾客的信任、可以使顾客在异乡有宾至如归的感觉。

4. 移情性

移情性指酒店的服务工作自始至终以顾客为核心，关注他们的实际需求，并设身处地地为顾客着想。在服务过程中，员工要主动了解顾客的心理需求、心理变化及潜在需求，进而提供周到细致的服务，让顾客充分感受到服务中的"人情味"。

5. 有形性

有形性是指酒店通过一些有效的途径——设施设备、人员、气氛等传递服务质量。酒店服务虽具有无形性特征，但必须通过有形的物质实体来展示服务质量，以便有形地提供酒店服务质量的线索，为顾客评价服务质量提供直接的依据。

五、世界最佳酒店的衡量标准

1984年，一些大型国际酒店联号的总裁、总经理提出最佳酒店应具有十条标准，这十条标准现已被国际酒店业所接受。以下列出这十条标准。

1. 一流的服务员，一流的服务标准

具有热情、认真、熟练和训练有素的服务员，他们能提供快速敏捷、热情周到的服务。

2. 客房洁净、舒适，陈设高雅，环境怡人

客房服务是促使顾客再次下榻饭店的关键因素。

3. 顾客有"宾至如归"感

马耳他国际饭店这样论述：一所最佳饭店应该向顾客提供舒适、方便及一流标准的服务，同时饭店要有宜心的环境，暖人的房间，它留给顾客的第一和最后印象都应该使顾客有一种"宾至如归"之感。

4. 设有多种服务项目

5. 具有独特的菜系和地方佳肴

餐饮是旅游者的最大需求之一，也是酒店的重点服务项目。

6. 地理位置选择十分恰当

无论是商业酒店、度假酒店还是会议酒店，都要选择与自己酒店类型相符合的最好的地理位置，如度假酒店应位于景致秀丽的风景区。

7. 陈设与内装修应具有民族风格和地方特色

8. 注意微小的服务和装饰

如显示各项服务的图示文字指南，是服务细致的具体体现。

9. 有名人下榻和就餐

10. 应是举办历史上最重要宴会的场所

第二节 现代酒店服务质量管理

服务质量是酒店经营的生命线。加强质量管理，创造服务精品，是酒店营造核心竞争力，使酒店立于不败之地的战略任务。

由于市场竞争的不断升级和服务对象的日趋成熟，现在已步入顾客选择品牌和酒店的时代。要想在激烈的市场竞争中站稳脚跟并不断发展壮大，酒店管理者要牢固树立以质量求生存、以质量求信誉、以质量求市场、以质量赢得效益、服务质量是企业生命的质量观。

所以，现代酒店管理者要紧抓酒店的全面质量管理要点，以健全的质量管理体系、完善的质量保证制度，以及多种质量检查控制的方式方法保证酒店产品质量的有效性。

一、服务质量目标体系

1. 酒店产品质量要点

1）服务质量是由顾客来评价的，顾客应成为酒店关注的中心。

2）满足顾客的需求，首先要发现和了解顾客的需求。

3）顾客的需求有共同的一面，规范服务可使多数顾客满意，服务质量达到较高的水准。

4）顾客的需求又有差异性，在规范服务的基础上，提供个性化服务才是优质服务。

5）提高质量是为了增加顾客所获得的价值，但服务需要成本。

6）顾客的需求与社会利益相矛盾时，饭店只能服从社会、公众的利益。

7）服务一次不到位造成的人或环节的成本浪费必须重视。

2. 最佳服务质量

1）最佳服务，就是尊重、理解人的服务。

2）第一次就把事情做好。

3）推动、改善、创新，不允许一成不变。

4）追求质量就是文化。

5）质量是一种生活方式，是一种文化，要提升质量，就必须全面的变革。

3. 酒店产品的质量目标

1）酒店产品和服务的质量必须使顾客满意。这是要放在第一位考虑的优先目标。

2）酒店所做的一切，都是为了顾客的满意。

3）像对待领导一样尊重顾客，像对待朋友一样理解和关注顾客。

4）酒店服务以提高顾客的满意度为最高准则。

4. 质量目标精要

用心服务关注细节追求完美。

5. 质量目标的分解（四级目标设立）

1）酒店目标。

2）部门目标。

3）班组目标。

4）个人目标。

二、酒店服务质量的三条黄金标准

酒店产品是指酒店提供的活动、服务和设施。它们必须被设计成和经营得具有高品质、能始终满足顾客的需要和期望。

凡是顾客看到的必须是整洁美观的。

凡是提供给顾客使用的必须是安全有效的。

凡是酒店员工见到顾客都必须是热情礼貌的。

三、酒店质量管理组织体系（三级质量管理体系）

（一）酒店质量管理委员会

为切实有效地做好酒店质量的管理工作，酒店应成立"酒店质量管理委员会"，全面指导酒店的服务管理工作，以强化基础工作，力争预前控制为目标，健全质量管理组织。

1. 酒店质量管理委员会概述

有效地指导各酒店质量管理，使酒店的质量能达到统一的品质，这是酒店成立"酒店质量管理委员会"的出发点。

酒店质量管理委员会担任酒店日常质量管理工作，协助酒店做好质量管理工作，并有专人对酒店的环境、设施设备、服务项目及服务水平进行检查。

2. 酒店质量管理委员会的主要职能

每季度召开酒店的质量管理分析会，编发《酒店质量分析报告》。

确定酒店的质量目标。

审视酒店质量管理的效果。

确定酒店质量的控制措施。

完善《酒店质量评审细则》。

评审和检查酒店质量情况，督导酒店质量的提高，以达到酒店所制订的质量标准。

组织群众性质量管理活动。

（二）**酒店质量管理小组**

酒店质量管理小组由酒店质检经理、各部门质检员组成。组长由人力资源部质检经理担任。在酒店质量管理委员会的指导下展开全面质量管理工作。

（三）**部门（班组）质量管理小组**

部门（班组）根据部门的管理要求，建立部门质量管理小组，并在酒店质量管理小组的指导下展开工作。

四、酒店的七级质量控制体系

1. *总经理的重点检查*

2. *值班经理（值班管理人员）的全面检查*

值班经理作为酒店当日服务质量的总负责人，履行服务质量管理的职责。检查重点内容在次日早会上通报。

3. *部门经理的日常检查*

部门经理对自己所辖范围内的各项工作质量负有直接的管理责任，各项检查必须形成制度化、表单化。

4. *质检人员的每日检查*

质检人员除了日常检查、掌握酒店质量状况外，应在专项检查、动态检查上下功夫，寻找典型案例，发现深层问题，体现专业水平。

5. *全体员工的自我检查*

酒店必须培养员工自我检查的意识和习惯，并要采取行之有效的形式和方法，激发全体员工参与质量管理的积极性。

6. *保安人员的夜间巡查*

夜间往往是酒店安全和质量问题的多发期。保安部的夜间巡查内容与要求要形成质检日报，第二天发送总经理和人力资源部。

7. *顾客的最终检查*

只有顾客认可的服务，才是最有价值的服务。其途径主要有：一是顾客拜访表；二是每日大堂经理日报记录、值班经理记录所归纳的顾客对于服务质量的有效意见；三是不定时地邀请顾客暗访，对于整个酒店或某个服务区域进行客观、实事求是地评价。

五、质量管理委员会对酒店服务质量的监督

1. 服务质量监督人员

酒店质量管理委员会成员以及邀请的专业人员，对酒店进行检查和评估。

2. 质量检查活动

1）酒店质量管理委员会成员以及邀请的专业人员中一员，每年对酒店进行至少3次检查和评估。

2）暗访：每年至少一次，邀请专业人士并出具暗访报告和评分报告。

第三节 顾客评价体系

对顾客满意程度进行量化，建立一个酒店的顾客满意度指标，是顾客满意管理中研究的焦点。以顾客为中心建立顾客满意导向的酒店是时代的要求，即研究顾客的需求。调查顾客对酒店产品、服务的评价，对顾客的满意情况实施衡量和测评，然后才能通过分析找出存在的问题，改进相关环节的服务质量问题，提高企业利润。对于在产品或服务提供过程中与顾客"高接触"的酒店业，更是要一改往日的"重硬件轻软件"的经营观念，把"顾客满意"作为酒店追逐的目标，积极推进顾客满意战略。

因此，酒店需要重新认识顾客，需要站在顾客的立场上，而不是从酒店的角度去了解顾客的需求和期望；需要用科学的评价方法去分析产品和研究服务满足顾客要求的程度。我国酒店业对顾客满意度评价的方法，是在酒店生存发展环境、顾客消费心理和经营战略发生深刻变化，以及顾客满意理论深入发展的背景下提出的。

一、顾客评价体系提出的背景

（一）酒店供给市场的变化

随着经济全球化加速发展，国际酒店集团以前所未有的速度向中国扩张，使得我国酒店市场的竞争日益加剧。服务质量的最终评价者是顾客，所以酒店顾客满意程度的评价以及基于这种了解的服务质量持续改进机制，是决定酒店竞争战略能否成功实施的重要基础。

（二）酒店顾客消费心理的变化

酒店市场的供大于求和人民生活水平的提高，促使顾客消费从以"理性消费"为主，转向以"感性消费"为主。毫无疑问，酒店必须对顾客满意度进行评价方法的研究，这给酒店的经营管理带来更大的挑战。

（三）酒店经营战略的变化

二、顾客满意度的定义

早在1898年，酒店业的鼻祖——瑞士人里兹就提出了以"顾客满意"为主要内容的"顾客就是皇帝"的口号。

1985年，顾客满意理论（CS理论）首先由美国的消费心理学家提出，其后迅速在发达国家得到广泛应用。国际标准化组织在2000版的ISO 9001质量管理标准体系中将"顾客满意"定义为：顾客对其要求已被满足的程度的感受。

顾客满意与否，取决于顾客接受产品或服务的感知，同顾客在接受之前的期望相比较后的体验。通常情况下，顾客满意包括商品满意、服务满意和社会满意三个层次：

1）商品满意，是指商品带给顾客的满足状态，包括商品质量、功能、价格、设计、包装、时间等方面的满意。

2）服务满意，是指服务带给顾客的满足状态。

3）社会满意，是指顾客在商品和服务的消费过程中体验到社会利益的保护，即经济组织的各项经营活动要有利于促进社会进步，维护社会稳定，保护生态环境，由此带给顾客的满足程度。

顾客满意度是指顾客满足情况的反馈，它是对产品或者服务性能以及产品或者服务本身的评价，它给出了一个与消费的满足感有关的快乐水平，包括低于或者超过满足感的水平，是一种心理体验。

三、顾客满意度的基本特性

（一）主观性

顾客的满意度是建立在其对产品和服务的使用体验上，感受的对象是客观的，而结论却是主观的。它与顾客自身条件（如知识、经验、收入状况、生活习惯、价值观念等）有关。

（二）层次性

心理学家马斯洛指出，人的需要有五个层次，处于不同需求层次的人对产品和服务的评价标准不同，因而不同地区、不同阶层的人或同一个人在不同条件下对某个产品或某项服务的评价可能不尽相同。

（三）相对性

顾客对产品的技术指标和成本等经济指标通常不熟悉，他们习惯于把购买的产品和同类型的其他产品，或与以往的消费经验相比较，由此得到的满意或不满意具有相对性。

（四）阶段性

任何产品都有生命周期，顾客对产品的满意度来自过去的使用体验，是在过去的多次购买和服务中逐渐形成的，因而呈现出阶段性。

四、酒店顾客满意度评价的定义

酒店顾客满意度评价是对在下榻酒店的顾客进行判断的过程，即对消费者进行综合计算、观察和咨询等方法的复合分析过程，以判断顾客的满意度。

（一）酒店顾客满意度评价的意义

激烈的竞争，迫使酒店在生产经营中关注客户的因素，并以顾客的需求和利益为中心，最大限度地满足顾客的需求。"以客户为中心"的经营理念，已经成为广大酒店经营者的行为和思想的准绳。进行顾客满意度评价作为一种管理方法，可以帮助酒店理解客户满意的影响因素。

1. 追踪酒店绩效表现

通过对顾客满意度持续不断地监测，酒店可以直观地了解到自己的产品或服务在客户心目中居于什么地位，和以前相比，到底是进步了还是退步了。另外，作为一个前瞻性的指标，它还可以用来预测酒店未来的发展前途，是顾客未来购买行为和酒店未来利润的指示器。

2. 成为水平对比的基准

通过将顾客对酒店自身产品或服务的满意程度与竞争对手的顾客满意程度水平进行比较，可以帮助酒店了解相对于自己的竞争对手，酒店的产品或服务存在哪些不足，并有针对性地加以改进，强化酒店的比较竞争优势。

3. 评价不同改善措施的效果

顾客满意度指数揭示了决定顾客满意的影响因素，并给出了这些因素影响酒店经营绩效的路径，酒店可以从中发现提高顾客满意度的有效途径，并通过测量改善后的顾客满意度来判断改善措施的效果如何。

因此，酒店进行顾客满意度评价不仅仅是经营战略，而且是酒店运行全过程的战略，酒店不仅要求产品和服务质量要使客户满意，而且要求生产、服务的全过程要使顾客满意，从而提高顾客对酒店的忠诚度，有利于实现酒店利润，增加效益。同时，酒店不仅要不断提高产品质量以满足顾客，而且还要通过满足顾客的需求，把顾客满意度放在重要位置，将顾客满意看作酒店的一项长期投资。

（二）酒店顾客满意度评价的方法和问题

1. 酒店顾客满意度评价的方法

目前酒店顾客满意度的评价方法主要有3种：

方法一：顾客满意率 =（目标顾客中表示满意的顾客数/目标顾客数）×100%。

方法二：顾客满意率 =（目标顾客数 − 投诉顾客数）/目标顾客数）×100%。

方法三：综合测评。

通过大量的文献可以看出在服务业发达的城市中，酒店的顾客满意度也较高。反之，服务业落后的城市，酒店顾客满意率较低。酒店是否建立顾客满意度评价体系导致了顾客满意度差异性，我国酒店业的顾客满意度评价体系还不完善，还没有落实，需要不断地完善和落实。

2. 酒店顾客满意度评价中存在的主要问题

（1）没有建立完整的顾客满意度评价体系　市场调查、计划、执行、监督、改进、评审（PDCA）工作环节缺失，或责任不明确。在我国的酒店中，有很多酒店没有主管评价工作的部门，或高层管理者回答不清楚是由哪个部门主管。说明酒店在管理制度上就没有把评价顾客满意度落到实处，在具体操作中肯定会存在失控的可能性。

（2）收集顾客满意信息的渠道少　主要表现在两个方面：

一方面，酒店用于收集顾客满意信息的方法不多，为数不多的酒店用3种或3种以上的方法收集信息。

另一方面，收集顾客满意信息的方法限于向住店顾客发放调查表、人员访问住店顾客等传统的方法，没有借用现代通信设施获取信息。例如，在接受调查的酒店中，没有酒店通过网站和电子信箱等互联网技术收集顾客满意信息。

（3）调查顾客满意程度的问卷内容陈旧　在酒店市场竞争日益激烈的情况下，酒店顾客的需求结构变化很快，期望值越来越高，酒店用于吸引顾客的一些激励因素会由于竞争的影响很快成为阻碍因素。对相同的服务质量，不同需求结构的顾客可能会做出不同的评价。所以，酒店调查顾客满意度的内容也应该随着目标顾客需求结构的变化而做出相应的调整。

内容陈旧的问卷可能在指标设置上不能完全反映顾客对服务质量各方面的需求和期望，测评结果就无法体现顾客的真实满意程度。

(4) 顾客满意度的评价方法过于简化　我国酒店一般都采用百分比的方法计算顾客满意度，虽然有些酒店对不同接待部门的满意度和不同方法所得到的数据作了加权平均，但也只是对调查数据的简单统计，得出的只是一个结论性的数字，不利于对服务过程的诊断。

这种方法在测评顾客满意度方面存在以下缺陷：

1) 只能处理单一变量和简单现象总体的问题，无法处理多变量和复杂现象总体的问题。

2) 无法全面反映顾客对酒店的需求和期望、对服务的质量感知和价值感知等多种变量的信息，以及各种变量之间的相互影响和变化趋势，也无法反映各因素对总体变量的影响程度。

3) 各个酒店的衡量标准和调查内容不同，所以在不同的服务项目和不同档次的酒店之间就无法进行"同价"比较。在这种情况下，酒店难以通过计算顾客满意度来了解顾客对服务质量的客观评价、把握顾客的需求及潜在期望，以至在分析、计划服务质量或制定、修改质量标准时就容易产生质量差距，制约了酒店服务质量的持续改进。

(5) 服务质量管理体系不完善　我国酒店的服务质量管理虽然经历了一个快速发展的过程，但与全球酒店质量管理的发展水平以及世界著名酒店集团的质量管理水平相比，差距是明显的。根据 ISO 9001 质量管理标准的要求，完整的质量管理体系应该是一个覆盖酒店所有服务工作流程，包括计划、实施、检查和改进这一全过程的不断循环的系统，缺乏其中任何一个环节，质量管理体系就难以进入自身持续改进的良性循环。持续改进是体系的直接目的，测量、分析和改进是决定体系能否持续改进的关键。但是我国酒店在实施质量管理的过程中，往往对测量结果的分析和改进缺乏重视，或者由于掌握的管理工具难以实现这些功能，造成体系运行效率不高、质量问题反复出现的情况。

(三) 酒店顾客满意度评价问题的解决方法

1. 建立完善的评价组织机构

责任明确的组织机构是实施测评工作的保障，只有落实到人，落实到时间和地点，才会有可能实现顾客满意度测评的初衷。有了指标体系，才会有与之相适应的调查内容、方法和结果分析方法。所以，构建顾客满意度评价指标体系是解决现阶段酒店顾客满意度测评中存在问题的重要途径。

2. 强化"以顾客为中心"的服务理念

服务理念是酒店在长期的生存与发展过程中吸取经验和教训而形成的服务思想精华。作为酒店企业文化的一个要素，服务理念对于酒店员工的工作动机和行为表现有着巨大的影响。"以顾客为中心"的服务理念能使服务人员产生让顾客更满意的强烈愿望，从而在与顾客接触的过程中重视顾客的各种意见和建议，关注顾客对服务质量的感知和评价，自觉地产生改进服务质量的要求。

3. 员工的顾客信息意识和收集技巧

酒店顾客意见调查表的回收率一直非常低，一方面与酒店顾客的消费心理有关，另一方面，也与酒店员工对于收集顾客满意信息的主动性和技巧有关。在酒店的众多培训项目中，目前少有这方面内容的相关培训。一线员工是酒店中与顾客直接接触最多的人，他们最有机会和可能听到或收集到顾客的信息,包括顾客对其他服务和竞争对手的评价。增强他们收集顾客信息的技巧和主动性,可以使酒店掌握的顾客信息大量增加,使顾客满意度的评价更加真实和有效。

  酒店的管理人员已经认识到酒店提高顾客满意度的重要性和必要性。酒店提高顾客满意度是酒店树立企业自身形象、扩大市场、谋求发展的重要前提。但是,目前我国酒店业总体上顾客满意度调查还存在很多的问题,酒店必须在经营的过程中不断地积累经验和不断地改进完善酒店的规章制度,从而不断地与顾客建立良好的关系以及促进酒店更有效的评价顾客满意度,更及时地、最大限度地满足顾客的需求。

  总之,酒店必须建立完善的顾客满意度评价体系,强化"以顾客为中心"的服务理念,培训员工的顾客信息意识和收集技巧,淡化评价结果对员工奖惩的影响,建立顾客满意信息数据库,整合多渠道信息,设计专业软件,简化统计难度。同时酒店除了要考虑到以上自身内部存在的问题外,还要考虑顾客需求、消费心理变化以及外部的国家政策环境、经济环境、法律环境等。因此,酒店对顾客满意度的评价也只能根据市场的变化不断寻求其方法,使顾客不满程度降到最低,同时促进酒店的可持续发展。

知识链接

  影响最大的6本酒店管理书籍:

  1.《现代酒店管理经典》

  如果你计划要从事酒店管理,这是最理想的入门教材。书里阐述的全部都是酒店管理的基本观念和经营方法,内容简明,要点突出。本书既有一定理论深度,又有对酒店管理感性的认识。

  2.《国际饭店管理》

  本书是美国饭店业协会系列教材中的经典著作,在国际酒店行业具有深远影响。对于初入酒店行业的人而言,本书显得有些深奥。不过如果是酒店部门总监以上人员,此书是非读不可的。从当前国际酒店集团的介绍,到不同国家相关政策对酒店经营管理的影响;从酒店开发需要评估的主要因素,到酒店管理合同的主要原理;从国际市场上的酒店营销,到跨国人力资源管理,本书均有涉猎,且阐述透彻。

  3.《帝国饭店服务秘籍》

  如果你要了解什么是酒店服务,你就应该读读这本书。里面全是关于服务的故事和技巧,例如,正在使用的书桌不可过分收拾;把喝剩的葡萄酒送到客人的房间去;寝室和浴室的清洁要由手掌来做最后的确认……琐碎吗?是的——可这就是酒店服务。

  4.《丽思卡尔顿的黄金准则》

  他们的服务哲学——"我们是绅士和淑女,我们为绅士和淑女服务"可以说是全球酒店行业最著名的服务格言了!丽思卡尔顿酒店也是酒店行业中唯一获得美国MAICOLM BALDRIGE国家质量奖的酒店公司。那么,"绅士和淑女"是如何练成的?秘诀就在丽思卡尔顿酒店公司申报MAICOLM BALDRIGE国家质量奖的申请报告中。本报告完整阐述了丽思卡尔顿酒店质量管理的体系和理念。

  5.《服务的精神——万豪之路》

  如果你希望成功管理一个酒店集团,或者你是在一个酒店管理公司工作,这本书或许会成为你的管理圣经,它结合了万豪国际集团的发展历史和众多案例。

6.《一个银河系的诞生》

本书讲述的是法国雅高酒店集团的创业故事和发展历史。它是如家管理团队的"管理指南"。

开阔视野

精品酒店在我国的发展趋势

一、精品酒店的定义

精品酒店(Boutique Hotel),源于法语的"Boutique"一词,原指专卖时髦服饰的小店。精品酒店最初是指起源于北美洲的私密、豪华或离奇的酒店环境,以提供独特、个性化的居住和服务水平作为自己与大型连锁酒店的区别。而如今,精品酒店是指那些具有浓郁的当地文化特色和独特历史记忆的酒店。这个概念源于欧洲的20世纪70年代,最近几年才被引入我国。相对于连锁形式的星级酒店,精品酒店就像汽车中的保时捷,昂贵而个性十足,同时很多精品酒店本身就是由历史保护建筑改建而来,就像一个小型博物馆,入住不啻为一次充满惊喜的旅程。同时,因精品酒店规模小,客房少(客房数量一般不超过100个),因而可能实现一对一的"管家式服务"。这也是部分高级精品酒店价格昂贵的原因所在。

二、精品酒店的特点

1. 标新立异,引人注目

大多数精品酒店具有创造性的设计,新奇刺激、显露灵气、充满个性,有时还有几分怪诞。其所拥有的一项或一项以上的特质,使它与其他类型的酒店或旅馆相比卓尔不群。只闻其名,便知它们即使不是享誉全球,也是国内知名。如纽约的沃道夫·阿斯托亚(The Waldorf Astoria)、德州的沱头河大厦(The Mansionat Turtle Creek)和位于弗吉尼亚的格林莱尔旅馆(Grennbrier),人们绝不会将这些酒店仅仅当作就寝所在。这些精品酒店更强调舒适度,将大堂变成了舞台、社交中心,让室外公共空间与室内大堂一样美妙而宜人,使两者之间传统的界限变得模糊。

2. 独一无二

有些精品酒店是凭借其名气或地址,有些凭借其形式和功能,还有的是凭借其服务、室内装饰或设施。不少顾客光顾这些地方,并不是为了来过夜,他们的兴趣在于其情调、其精美、其建筑、其室内设备,甚至对观看他人抱有兴趣。他们中的很多人都将这里当作他们的家外之家。因此对精品酒店的选择深刻地反映了顾客独特的艺术品位。

3. 精雕细琢

精品酒店规模一般较小,大多在百间客房以下,且有很好的隐私环境,并不追求能凸现华贵气氛的宽敞气派而缺乏隐私的大堂,主要以经营客房、餐饮和会议设施为主。酒店管理层充分利用有限的经营面积,在服务方式和服务内容上精雕细琢,注重每一个细节,以独特雅致的装饰和细腻温馨的服务创造出名副其实的"精品"酒店。

三、精品酒店的类型

精品酒店按设计风格划分,可分为以下4种:

（1）时尚酒店或微型都市型的精品酒店　这类酒店将都市的活力引入酒店内，并将一些新的元素融入大堂，大堂的中间可以是一座雕塑或喷泉，顶上吊挂巨型的插满蜡烛的烛台，一些餐饮店散布在大堂的四周。这类酒店在款待顾客的同时吸引那些不消费但有品味的当地访客来聚集人气，并通过大堂内的夜总会、酒吧甚至发廊来创造所谓的室内都市化，这些大堂常会变成起居室或周围邻里的核心。

（2）"梦境型"的精品酒店　这类酒店以惊艳设计手法给顾客带来一种整体的体验：一个世界中的世界、一个现代科技化的空间、一种"表演艺术型"酒店的文化天堂。设计概念中包括数码科技系统：从渐变的色彩到图片、到影像的一切信息投射在墙面上。

（3）"生活方式型"的精品酒店　这类酒店常被设计成超现实的室内环境，或是产品设计师将他们的个人风格展现成三维景象，应用于该酒店的设计中，利用他们的主流产品来向人们推销整体环境（毛巾、咖啡桌、电影原声带等）。

（4）"设计与时尚融合型"的精品酒店　这类酒店在设计过程中强调向时尚学习，并且每季都在不断更新，因为上一季的东西已经过时。

四、精品酒店的经营管理模式

目前，国际上精品酒店的经营管理模式可以分为以下几种。

1. 大型酒店集团的精品酒店

指世界著名酒店集团旗下的系列品牌中的精品酒店品牌，如喜达屋集团的W酒店、洲际集团的圣地亚哥英迪格酒店。虽然有人质疑房间数量多达数百间的W酒店，这种连锁化、规模化的经营模式是否属于纯粹意义上的精品酒店，但不可否认W酒店的产品开发、市场定位、经营理念与精品酒店的特质吻合。W酒店的定位年轻时尚，打破传统的功能布局，强调产品形式与内容的个性发挥。酒店在设计上不仅追求简约时尚的审美艺术，还融入反传统的优质服务理念，是对以往大众化酒店的颠覆。例如，有的W酒店大堂被设计成如同家居客厅，顾客休息区设计在大堂的正中间，让顾客一到了那里感觉就像到朋友家里做客。红白相间的客房色彩、宽敞的圆形大床、球形的太空椅，所有设计都充满了艺术与时尚的气息。W酒店自1998年在纽约首次亮相后便在全球掀起了一股风潮，品牌迅速扩张。

2. 专业精品酒店集团

指专门从事精品酒店产品开发与经营管理的酒店集团，具有代表性的是新加坡的悦榕度假酒店集团（Banyan Tree Hotels & Resorts），酒店主要分布在亚洲地区。悦榕度假酒店集团定位开发和管理高级精品型度假市场，在产品与经营上强调亚洲传统的文化理念和环保意识的融合，悦榕SPA成为品牌的核心产品。新加坡的安曼集团（AMAN）同样是一个追求特质的精品酒店集团，荷兰裔印尼人阿德里安·纪卡（Adrian Zecha）于20世纪80年代创立了该品牌，酒店个个迷你精致，或融入自然风光，或置身历史遗迹，选址非常独到不凡，设计充满地方文化元素。目前安曼集团的酒店已遍及法国、美国、摩洛哥、印度、菲律宾以及柬埔寨吴哥窟、泰国普吉岛、印尼巴厘岛等地。GHM是另一家成立于1992年的精品酒店管理公司，GHM的酒店分布于东南亚许多国家的海边或度假胜地，如印尼巴厘岛、泰国的清迈、泰国的普吉岛、马来西亚的兰卡威、越南的会安等。

3. 单体独立的精品酒店

从全球看，依靠集团化运作的精品酒店品牌发展优势明显，占据着越来越大的市场份额。然而，如果说满足功能性消费的酒店产品通过复制更趋向形成产业集中模式的话，那么迎合个性化消费的精品酒店存在的价值，就是为了满足人们追求独特、与众不同的个性体验需求。从这个意义上说，精品酒店市场存在着差异化发展的巨大空间。从现实看，一些点缀在城市、景区酒店群落中形形色色的精品酒店虽然在大众视野中没有得到充分关注，但因为其极富创意与个性色彩，让钟情于此的消费者津津乐道。

五、精品酒店的特质

1. 市场定位高端

精品酒店的资源特点决定了其目标客户群必然是具有殷实经济基础的高端消费群体。2003年，美国精品酒店的客房数量占整个行业的1%，总收入却占整个行业的3%。入住率、平均房价及单房产值也都高于全服务酒店。2007年6月，法国雅高酒店集团管理的上海璞邸精品酒店开业，最便宜的房价为人民币4680元/夜，被称为当时上海房价最贵的酒店。

2. 规模精致

正如精品酒店创始人之一的Lan Schrager设计师所说，"如果将各色的集团酒店比作百货商场的话，那么精品酒店就是专门出售某类精品的小型专业商店了。"精品酒店一般规模不大，客房资源比较有限，很多酒店客房数量只有几十间，但客房面积宽敞。酒店的附加设施较为简单。由于规模精致，接待流量有限，使服务和消费的私密性强。精品酒店这一特点，是许多社会名流显贵选择入住的最重要的原因。

3. 服务体贴入微

为高端客人提供定制化、个性化与人性化的服务是精品酒店的追求。因此，精品酒店的员工数与客房数的比例常会达到3∶1，甚至5∶1，远高于一般的五星级酒店。精品酒店在服务理念和服务方式上的体贴入微，起源于英国皇室的"贴身管家式服务"。专职管家能最大限度地满足顾客个性化的需求，亲切、殷勤、真诚、专属的服务能让顾客流连忘返、再次下榻，成为酒店的忠诚顾客。例如，W酒店推出招牌式的"随时/随需"专人礼宾服务的宗旨，就是最大限度地满足每位顾客的任何合理需求。W酒店推出的"烛光服务"，在每晚9点左右，会由客房管家将一个薰衣草枕头、一个眼罩和一瓶薰衣草精油送到顾客房间内。在提供的"安眠枕菜单"中包括三种枕头，任顾客选择，加上配置在床垫上的松软羽绒被，可以让顾客体验到"睡在云端"的感觉。

4. 设计风格独特

精品酒店首先要有鲜明的个性形象。其设计体现在以下几个方面：①建筑与室内设计。世界上许多著名的精品酒店都出自名家的杰作，荣获各种国际设计奖项。例如，W酒店品牌以前卫、时尚、大胆和极具创新的设计闻名，芝加哥、马尔代夫、西雅图、首尔等地的W酒店成为当地地标性的酒店建筑；GHM提出"A Style To Remember"的口号，以追求沉稳、典雅、质朴而具有内涵的设计风格而独树一帜；北京长城脚下的公社酒店，汇集了亚洲12位顶级建筑师设计，建筑屡获世界大奖。②环境布置。为了充分营造艺术氛围，精品酒店的设计还延伸到室内环境布置。例如，巴黎的加利福尼亚酒店，从大堂、电梯、餐厅到客房楼层，展示着4200多件油画、雕塑艺术真品，众多艺术品把酒店布置成了"美术馆"。③客用品设计。一些精品酒店的客用品，小到咖啡杯、笔、客房小闹钟都是极具设计感的工艺品，常令顾客爱不释手。④设计理念与风格。精品酒店的设计理念中蕴涵着浓郁的地方文化特色或当地历史元素，有人称精品酒店是"看得见历史的房间"。

5. 时尚与创新

作为定位高端的服务产品，精品酒店既迎合了市场由大众化消费向个性化、体验型消费转换的潮流，同时也引导了一种新的时尚消费方式。正如W酒店所自我宣扬的：W不只是一个酒店品牌，还是一个标志性的生活时尚，为顾客们提供前所未有的独特体验。精品酒店的时尚与创新体现在环境、设施、服务、经营方式等各个方面，包括运用新科技增加服务产品的含金量，提高顾客舒适度与独特体验的感受。如一些精品酒店客房内设置不同的灯光模式，客房内配有触屏式IP电话、客房送餐电子点菜单、DVD客房影院系统等。

6. 经营专业运作

1）精品酒店采用"资源外包"策略，即专门从事与自身能力相匹配的业务，尽可能以"外包"形式剥离非关键的生产经营环节，使有限的资源用于经营中的核心环节——客房产品上，将客房收入作为酒店利润最主要的来源。如W酒店就是通过餐饮的外包专注于客房经营。

2）精品酒店以文化资源和自然资源为题材，突出利用我国旅游资源优势。北京、上海、西安、苏州、南京等众多历史文化名城，丽江、凤凰、周庄、平遥等千年古镇，三亚、九寨沟、厦门、青岛等旅游胜地，不同民族与不同地区鲜明的文化差异，都为孕育形形色色的精品酒店提供了极其丰富的条件和素材。

3）随着社会的不断发展进步，人们对酒店的需求从功能导向和大众消费向追求全新的体验型元素、追求情感个性的产品和服务消费过渡，希望能在接受服务的过程中越来越多地感受到自我价值的体现，精品酒店正顺应了这种发展要求。

精品酒店良好的市场表现、较高的经营利润和引领潮流的消费方式，将赢得众多国内外精品酒店投资者和管理者的青睐。

六、精品酒店是我国饭店业发展的新趋势

目前，越来越多的国际酒店集团开始将目光聚焦在开拓我国精品酒店市场上，国际品牌渗透速度加快。2005年9月，我国第一家悦榕仁安藏村开业。

此后，在丽江、北京、三亚、桂林、杭州、拉萨、九寨沟等国内知名的旅游度假城市与景区迅速拓展，到2010年悦榕酒店和悦椿酒店已发展至10余家。

2007年6月，法国雅高酒店集团管理的上海璞邸精品酒店开业，它不仅成为雅高集团在中国的首家精品酒店，也是上海第一家由国际酒店集团接管的精品酒店。

2008年10月，喜达屋旗下的香港W酒店开业，成为W酒店品牌进入我国的里程碑。目前W酒店已签约落户上海、广州等城市。

2010年11月，洲际酒店集团的精品酒店品牌Indigo正式签约入驻上海，成为亚洲的第一家。

2008年奥运期间，凯悦集团下的精品酒店品牌柏悦正式亮相北京。到目前，柏悦已入驻北京、上海、杭州、广州、宁波等城市。

2008年9月，北京颐和安曼酒店在北京颐和园正式开业，成为安曼酒店集团在中国的第一家精品酒店。

由此可见，相对其他类型酒店，我国精品酒店的国际化发展趋势将会更加明显。

1. 较广阔的盈利空间赢得投资者的青睐

精品酒店无论是建筑规模还是经营规模，相对于传统酒店来说都要小得多，它们通常是

在传统酒店或老式建筑的基础上聘请专业的设计师进行再创意设计,营造出一种别具一格的酒店环境,并为顾客提供个性化的酒店产品和服务,因此精品酒店建设的初始投资并不大,同时精品酒店凭借其精致化的品味和个性化的风格来吸引顾客,在酒店选址方面没有特别的要求,其营销重点主要集中在特定顾客群体的忠诚度提升方面,因此更多的顾客是慕名而来,相对于传统酒店节省了一笔不小的营销费用。因此,较稳定的顾客群体,较少的资本投入,加之高端的消费市场为精品酒店的经营管理创造了一个较广阔的营利空间,将会吸引更多的投资者进入精品酒店市场。

2. 特色化的酒店服务满足顾客个性需求

尽管人们对于精品的评价尺度不尽相同,但是精品酒店还是能够成为某一群体顾客心目中的精品,其关键在于,精品酒店能够满足某一消费群体的个性需求。通过酒店环境营造,为顾客提供一个比家更理想的好去处,通过提供超越标准的更个人主义的服务,抓住顾客的心理需求。精品酒店总能在细微之处打动人心,以其特有的"管家式服务"为宾客提供全方位全过程的服务,亲切、殷勤、专属的服务让顾客流连忘返。同时,精品酒店经营规模较小,入住顾客具有相对稳定性,回头率较高,因此精品酒店总能为顾客创造出乎意料的惊喜,例如 Kimpton 酒店的服务意念总是千奇百怪,他们会在顾客入住时给顾客提供一条金鱼来饲养,这一点是很多传统大型酒店难以办到的。

3. 高品位的设计装修成为现代时尚风景

精品酒店通常将更多的资金投入在酒店设计装修,它们的设计基本出自名师之手,体现最时尚设计和美感,无论是酒店外观设计,还是大堂里配饰的艺术品,以及客房家具摆设,甚至一个小小的门铃都以设计的文化、个性、风格为主。例如位于旧金山阿果诺特的 Kimpton 酒店,其设计风格的主题为"航海",酒店的大堂铺着木地板,大堂内的休闲沙发像一只只仿造的蒸汽船;香港首家精品酒店 JIA 由法国设计大师 Philippe Starck 设计,丝毫不显华丽气派,取而代之的是各种设计感极强、舒适的家具、灯饰。精品酒店不仅能融入现代都市的时尚色彩,成为都市的特色地标,还能点缀在风景如画的自然山水之中,成为一道亮丽的风景线。

七、精品酒店存在的三大条件

1. 体验经济背景下的消费升级

当代美国经济学家约瑟夫·派恩与詹姆斯·吉尔摩在美国《哈佛商业评论》上指出,体验经济时代已经来临,体验不是虚无缥缈的感觉,体验表现出人们消费观念的更新,消费的社会心理属性日渐明显,消费者越来越重视消费过程中商品能给自己带来的附加利益。精品酒店正是在这样的经济背景下逐步由传统的酒店形式演变发展起来,除了具备传统酒店所具有的舒适、清洁、明亮、周到等基本元素以外,精品酒店还注入了全新的体验型元素,通过酒店内部环境营造,给顾客造成视觉、听觉、味觉和嗅觉上的全身体验;通过提供注入情感个性的产品和服务,使顾客在接受服务的过程中感受到自我身份的确认和肯定,享受到精神满足的愉悦过程。

2. 行业发展环境中的竞争态势

世界排名前 10 家的饭店管理集团目前均进入酒店市场,同时高星级酒店市场的竞争正逐步走向低端市场,价格、质量、服务和品牌成为主要的竞争元素。随着竞争的加剧,酒店行业开始按地区、等级、经营形态、业务特点及所有权等多个维度的行业市场细分,精品酒店的出现正好填补了经济性酒店和高星级酒店之间的一个市场空白，以优于经济性酒店的酒店产品和服务设施，低于高星级酒店的价位抓住了一个特殊的客户群体，满足了他们崇尚高品位，凸现自我个性，消费水平中高档的消费需求。当前各大国际酒店集团也看好精品酒店市场，并且以二级品牌进军这一市场，开发连锁产品，但是单体精品酒店特立独行的品质总能吸引一个较为稳定的顾客群体，以较高的收益率使其拥有一个独立的市场发展空间和竞争优势。

3. 经营管理过程中的自主创新

精品酒店在经营管理过程中的不断创新也是其能够存在发展的一个重要条件。精品酒店在整个经营管理过程中都体现出创新的元素：首先在酒店投资建设方面，精品酒店不同于传统酒店对酒店地段区位的重视，而是将更多的资金投入到酒店装修设计方面，例如喜达屋集团的第一家 W 酒店品牌的经营模式是：餐厅由 Drew nieprent 经营，而威士忌酒吧是由 Rando gerber 运作，自己则专注于客房经营；再者，精品酒店通过产品服务赢得顾客的较高的满意度，贵族管家式的酒店服务为每位入住的顾客营造家庭般的舒适和温暖，在关注顾客感受的同时，以顾客喜欢的方式提供服务，并总能制造出意想不到的惊喜。

八、我国精品酒店的发展之路

1. 个性服务 + 精细管理 = 精品酒店核心竞争力

精品酒店的核心竞争力主要体现在个性化的服务和精细化的管理，这二者是相辅相成、不可分割的一个整体。精品酒店的个性化服务是让顾客难以忘却、印象深刻的特征，而这种特征是别人无法复制的、独一无二的，它是由多种元素共同构成的：充满艺术氛围、时尚格调的酒店室内装修，在悠扬的音乐烘托下，营造出顾客享受服务的环境；酒店服务人员彬彬有礼的言行举止，以及得体的装束给顾客留下亲切印象的同时，也增进了顾客与服务人员之间的沟通和互动；富有创意的专门服务，总能给顾客带来无穷的惊喜。

2. 精品设施 + 特色文化 = 精品酒店品牌形象力

品牌形象是一个多元化的综合表现，它既可以是一种区分的标志，也可以是承诺、保障和契约，还可以成为有效沟通的代码，而精品酒店的品牌形象更多的是客户群体身份的一种象征，代表了客户群体的价值诉求。

3. "专精"营销 + 忠诚顾客 = 精品酒店持久生命力

酒店经营管理的持久生命力主要表现为可持续性的盈利能力，其根本在于一个忠诚的顾客群体。精品酒店的经营规模通常不大，其满足的客户群体占整个酒店市场的份额也是相对较少的，但是获利能力却很高。以美国为例，2003 年精品酒店客房数量仅占整个行业的1%，而总收入却占整个行业的3%，这主要得益于精品酒店具有一个比较稳定的顾客群体，并且通过酒店口碑不断扩大酒店知名度和美誉度，吸引更多的顾客，形成一个逐步上升的良性循环。因此大多数的精品酒店在营销上的投入是非常有限的，主要通过"一对一"客户关系营销，通过顾客关系来拓展客源市场，通过不断提高顾客满意度，形成酒店口碑进行宣传，例如 Nnique Hotel & Resorts 集团位于纽约的精品小饭店平均利润率在40%左右，然而该集团在营销上的投入大约只占毛利的 3.5%。大约60%的顾客是在满意顾客的口传营销作用下慕名前往的。

第七章 现代酒店服务质量管理

回顾复习

1. 人力资源的概念是什么？
2. 如何做好酒店人力资源的规划？
3. 如何做好酒店人力资源的培训与开发？

思考练习

1. 酒店服务质量的构成包括哪些方面？
2. 酒店服务质量特点有哪些？
3. 衡量酒店服务质量的标准是什么？
4. 酒店产品的质量目标是什么？
5. 酒店服务质量的三条黄金标准是哪些？
6. 酒店的七级质量控制体系分别是什么？
7. 以概念的形式区分"顾客满意"和"顾客满意度"。
8. 酒店顾客满意度的评价方法有哪些？

参 考 文 献

[1] 沈文馥. 饭店人力资源管理 [M]. 北京：机械工业出版社，2009.
[2] 李玉芝. 旅游企业人力资源开发与管理 [M]. 杭州：浙江大学出版社，2009.
[3] 杨蜜蜜. 基于现代酒店业发展的人性化管理策略及意义 [J]. 遵义师范学院学报，2009，11 (4)：18 – 21.
[4] 姜玉婕，路远. 酒店绩效薪酬管理问题与建议 [J]. 合作经济与科技，2015 (21)：101.
[5] 徐晓露. 酒店绩效管理存在的问题与对策探究 [J]. 旅游纵览（下半月），2015 (8)：78.
[6] 谢雨萍，周江林. 酒店管理概论 [M]. 北京：中国财政经济出版社，2007.
[7] 唐少霞，雷石标. 酒店管理概论 [M]. 哈尔滨：哈尔滨工程大学出版社，2011.
[8] 苏枫. 酒店管理概论 [M]. 重庆：重庆大学出版社，2008.
[9] 谢亚峰. 现代酒店经营与管理 [M]. 北京：中国商业出版社，2004.
[10] 贺湘辉. 饭店管理基础知识 [M]. 北京：中国劳动社会保障出版社，2006.